四部要籍選刊·史部

蔣鵬翔 主編

清金陵書局本

後漢書

七

〔南朝宋〕范曄 撰

〔唐〕李賢等注

浙江大學出版社

本册目録

卷六十六

卷六十七

卷六十八

卷六十九

卷七十

卷七十一

卷七十二

卷七十三

卷七十七

陳王列傳第五十六　　後漢書六十六

唐章懷太子賢注

陳蕃字仲舉汝南平輿人也祖河東太守蕃年十五嘗閑處一室而庭宇蕪穢父友同郡薛勤來候之謂蕃曰孺子何不洒埽㠯待賓客蕃曰大丈夫處世當埽除天下安事一室乎勤知其有清世志甚奇之初仕郡舉孝廉除郎中遭母憂棄官行喪服闋刺史周景辟別駕從事（續漢志曰別駕從事校尉行部奉引總錄眾事）㠯諫爭不合投傳而去（投棄也傳謂符也音丁戀反）後公府辟舉方正皆不就太尉李固表薦徵拜議郎再遷為樂安太守（續漢志曰樂安縣名本名千乘和帝更名也）時李膺為青州刺史名有威政屬城聞風皆自引去蕃獨㠯清績留郡人周璆高絜之士（璆音仇又巨秋反）前後郡守招命莫肯至唯蕃能致焉字而不名特為置一榻去則縣之璆字孟玉臨濟人有美名民有趙宣葬親而不閉埏隧（埏隧今人墓道也杜預注左傳云掘地通路曰隧）

汲古閣　毛氏　一

因居其中行服二十餘年鄉邑稱孝州郡數禮請之郡內以薦蕃蕃與相見問及妻子而宣五子皆服中所生蕃大怒曰聖人制禮賢者俯就不肖企及禮記曰三年之喪可復父母之恩也賢者俯而就之不肖者企而及之且祭不欲數以其易黷故也黷媟也禮記曰祭不欲數數則煩煩則不敬況乃寢宿冢藏而孕育其中誑時惑眾誣汙鬼神乎遂致其罪大將軍梁冀威震天下時遣書詣蕃有所請託不得通使者詐求謁蕃怒笞殺之坐左轉脩武令稍遷拜尚書時零陵桂陽山賊爲害公卿議遣討之又詔下州郡一切皆得舉孝廉茂才蕃上疏駁之曰昔高祖創業萬邦息肩撫養百姓同之赤子尚書曰若保赤子惟人其康乂今二郡之民亦陛下之赤子也致令赤子爲害豈非所在貪虐使其然乎宜嚴勑三府隱覈牧守令長其有在政失和侵暴百姓者即便舉奏更選清賢奉公之人能班宣法令情在愛惠者可不勞王師而羣賊弭息矣又三署郎吏二千餘人三府

掾屬過限未除但當擇善而授之簡惡而去之豈煩一切之詔㠯長請屬之路乎㠯此忤左右故出爲豫章太守性方峻不接賓客士民亦畏其高蕃喪妻鄉人畢至惟許子將不往曰仲舉性峻峻則少通故不造也徵爲尙書令送者不出郭門遷大鴻臚會白馬令李雲抗疏諫桓帝怒當伏重誅蕃上書救雲坐免歸田里復徵拜議郎數日遷光祿勳時封賞踰制內寵猥盛蕃乃上疏諫曰臣聞有事社稷者社稷是爲有事人君者容悅是爲今臣蒙恩聖朝備位九列見非不諫則容悅也夫諸侯上象四七垂耀在天下應分土藩屏上國上象四七謂二十八宿各主諸侯之分野故曰下應分土言皆以輔王室也高祖之約非功臣不侯而聞追錄河南尹鄧萬世父遵之微功更爵尙書令黃儁先人之絕封近習㠯非義授邑左右㠯無功傳賞授位不料其任裂土莫紀其功至乃一門之內侯者數人故緯象失度陰陽謬序稼用不成民用不康臣知封事已行言之無及誠欲

陛下從是而止又比年收斂十傷五六萬人飢寒不聊生活而采女數千食肉衣綺脂油粉黛不可貲計貲量也鄙諺云盜不過五女門以女貧家也今後宮之女豈不貧國乎是以傾宮嫁而天下化帝王紀曰紂作傾宮多采美女以充之武王代殷乃歸傾宮之女於諸侯也楚女悲而西宮災公羊傳曰西宮災何休注云時僖公為齊桓所脅以齊媵為嫡楚女廢居西宮而不見恤悲愁怨曠所生且聚而不御必生憂悲之感以致并隔水旱之困夫獄以禁止姦違官以稱才理物若法虧於平官失其人則王道有缺而令天下之論皆謂獄由怨起爵以賄成夫不有臭穢則蒼蠅不飛陛下宜採求失得擇從忠善尺一選舉委尚書三公尺一謂板長尺一以寫詔書也使褒責誅賞各有所歸豈不幸甚帝頗納其言為出宮女五百餘人但賜儁爵關內侯而萬世南鄉侯延熹六年車駕幸廣城校獵廣城苑名在今汝州梁縣西也蕃上疏諫曰臣聞人君有事於苑囿唯仲秋西郊順時講武殺禽助祭以敦孝敬如或違此則為肆縱故臯陶戒舜無教

逸遊尚書咎繇謨曰無教逸欲有邦周公戒成王無盤于遊田尚書無逸篇之言虞舜成王猶有此戒況德不及二主者乎夫安平之時尚宜有節況當今之世有三空之戹哉田野空朝廷空倉庫空是謂三空加兵戎未戢四方離散是陛下焦心毀顏坐已待旦之時也豈宜揚旗耀武騁心輿馬之觀乎又前秋多雨民始種麥今失其勸種之時而令給驅禽除路之役非賢聖恤民之意也齊景公欲觀於海放乎琅邪晏子爲陳百姓惡聞旌旗輿馬之音舉首嚬眉之感景公爲之不行周穆王欲肆車轍馬跡祭公謀父爲誦祈招之詩已止其心誠惡逸遊之害人也祭公祭國公爲周卿士謀父名也祈招逸詩也左傳曰昔周穆王欲肆其心周行天下將皆必有車轍馬跡焉祭公謀父作祈招之詩以止王心其詩曰祈招之愔愔式昭德音思我王度式如玉式如金刑人之力而無醉飽之心書奏不納自蕃爲光祿勳與五官中郎將黄琬共典選舉不偏權富而爲埶家郎所譖訴坐免歸頃之徵爲尚書僕射轉太中大夫八年代楊秉爲太尉蕃讓曰不愆不忘率

由舊章（詩大雅也。言成王令德不過誤，不遺失，循用舊典之文章，謂周公之禮法也。）臣不如太常胡廣；齊七政，訓五典，臣不如議郎王暢；聰明亮達，文武兼姿，臣不如弛刑徒李膺。帝不許。中常侍蘇康、管霸等復被任用，遂排陷忠良，共相阿媚。大司農劉祐、廷尉馮緄（音古本反）、河南尹李膺，皆以忤旨，爲之抵罪。蕃因朝會，固理膺等，請加原宥，升之爵任。言及反覆，誠辭懇切。帝不聽，因流涕而起。時小黃門趙津、南陽大猾張汜等，奉事中官，乘埶犯法，二郡太守劉瓆、成瑨考案其罪，雖經赦令，而並竟考殺之。宦官怨恚，有司承旨，遂奏瓆、瑨罪當棄市。又山陽太守翟超，沒入中常侍侯覽財產，東海相黃浮，誅殺下邳令徐宣，超、浮並坐髡鉗，輸作左校。蕃與司徒劉矩、司空劉茂共諫請瓆、瑨、超、浮等，帝不悅。有司劾奏之，矩、茂不敢復言。蕃乃獨上疏曰：臣聞齊桓修霸，務爲內政（國語曰：桓公問管仲曰：「安國可乎？」對曰：「未可。君若正卒伍，修甲兵，大國亦如之。若欲速得志於天下諸侯，則可以隱令，可以寄政。」公曰：「隱令寄政若何？」對曰：「作內政而寄軍令焉。」），春秋於魯小惡必書（公羊傳莊公四年公及齊人狩于郜譏其與讎狩也僖公二十年新作南門譏其奢也故曰小惡必書也）宜先自整勑後㠯及人今寇賊在外四支之疾內政不理心腹之患臣寢不能寐食不能飽實憂左右日親忠言㠯疏內患漸積外難方深陛下超從列侯繼承天位（言桓帝以蠡吾侯即位）小家畜產百萬之資子孫尚恥愧失其先業況乃產兼天下受之先帝而欲懈怠㠯自輕忽乎誠不愛己不當念先帝得之勤苦邪前梁氏五侯毒徧海內（五侯謂胤讓淑忠戟五人與冀同時誅事見冀傳也）天啟聖意收而戮之天下之議冀當小平明鑒未遠覆車如昨而近習之權復相扇結小黃門趙津大猾張氾等肆行貪虐姦媚左右前太原太守劉瓆南陽太守成瑨糾而戮之雖言赦後不當誅殺原其誠心在乎去惡至於陛下有何悁悁（說文曰悁悁恚忿）而小人道長營惑聖聽遂使天威爲之發怒如加刑謫已爲過甚況乃重罰令伏歐刃乎又前山陽太守翟超東海相黃浮奉公不撓疾惡如讎超沒

侯覽財物浮誅徐宣之罪並蒙刑坐不逢赦恕覽之縱橫沒財已幸宣犯釁過死有餘辜昔丞相申屠嘉召責鄧通洛陽令董宣折辱公主而文帝從而請之光武加以重賞文帝時太中大夫鄧通愛幸居上旁有怠慢禮丞相申屠嘉入朝因見之爲檄召通通至嘉曰通小臣戲殿上大不敬當斬通頓首首盡出血文帝使使召通而謝丞相曰吾弄臣君釋之也湖陽公主蒼頭白日殺人匿主家吏追不得公主出宣駐車叩馬以刀畫地數主主言於帝帝賜宣錢三十萬語見董宣傳未聞二臣有專命之誅而今左右羣豎惡傷黨類妄相交搆致此刑譴聞臣是言當復嘄訴陛下深宜割塞近習豫政之源引納尚書朝省之事公卿大官五日一朝宣帝五日一聽事自丞相以下各敷奏其言簡練清高斥黜佞邪如是天和於上地洽於下休禎符瑞豈遠乎哉陛下雖厭毒臣言凡人主有自勉强敢以死陳帝得奏愈怒竟無所納朝廷衆庶莫不怨之宦官由此疾蕃彌甚選舉奏議輒以中詔譴却長史以下多至抵罪猶以蕃名臣不敢加害瓆字文理高唐人高唐縣名今博州縣也瓆字幼平陜人並有經術稱處位敢直言多所

搏擊知名當時皆死於獄中九年李膺等㠯黨事下獄考實蕃因上疏極諫曰臣聞賢明之君委心輔佐亡國之主諱聞直辭故湯武雖聖而興於伊呂桀紂迷惑亡在失人關龍逢桀臣王子比干紂諸父二人並諫悉皆誅死由此言之君爲元首臣爲股肱同體相須共成美惡者也前書曰君爲元首臣爲股肱明其一體相須而成也伏見前司隸校尉李膺太僕杜密太尉掾范滂等正身無玷死心社稷㠯忠忤旨橫加考案或禁錮閉隔或死徙非所杜塞天下之口聾盲一世之人與秦焚書阬儒何㠯爲異秦始皇時丞相李斯上言曰天下已定百姓力農今諸生好古惑亂黔首臣請史官非秦記及天下敢有藏詩書百家語者悉燒之事見史記衞宏詔定古文官書序曰秦既焚書患苦天下不從所改更而諸生到者拜爲郎前後七百人乃密令種瓜於驪山阬谷中溫處瓜實詔博士說之人人不同乃令就視爲伏機諸生賢儒皆至焉方相難不決因發機從上塡之㠯土皆壓之終乃無聲今新豐縣溫湯處號愍儒鄉湯西有馬谷西岸有阬古老相傳以爲秦阬儒處也昔武王克殷表閭封墓史記武王克殷命畢公表商容之閭閎夭封比干之墓也今陛下臨政先誅忠賢遇善何薄待惡何優夫讒人似實巧言如簧詩小雅曰巧言如簧顏之厚矣簧笙簧也言讒人之口以喻笙簧也使聽之者惑視之者昏夫吉凶之效存乎識善成

敗之機在於察言人君者攝天地之政秉四海之維舉動不可以
違聖法進退不可以離道規謬言出口則亂及八方何況髡無罪
於獄殺無辜於市乎昔禹巡狩蒼梧見市殺人下車而哭之曰萬
方有罪在予一人故其興也勃焉說苑曰禹見罪人下車泣而問之左右曰夫罪人不順故使殺焉君王何為痛之至此也禹曰堯舜之人皆以堯舜之心為心今寡人為君也百姓各自以其心是以痛之書曰百姓有罪在予一人左傳曰禹湯罪己其興也勃焉桀紂罪人其亡也忽焉杜預注曰勃盛也又青
徐炎旱五穀損傷民物流遷茹菽不足廣雅曰茹食也而宮女積於房掖國
用盡於羅紈外戚私門貪財受賂所謂祿去公室政在大夫論語孔子之言
也昔春秋之末周室衰微數十年間無復災眚者天所棄也春秋感精符曰魯哀公政亂絕無日食天不譴告也天之於漢恨恨無已恨恨猶眷眷也故殷勤示變以悟陛下除
妖去孽實在修德臣位列台司憂責深重不敢尸祿惜生坐觀成
敗如蒙採錄使身首分裂異門而出所不恨也穀梁傳曰公會齊侯于頰谷齊人使優施舞于魯之幕下孔子曰笑君者罪當死使司馬行法焉首足異門而出也帝諱其言切託以蕃辟召非其人遂策免之

永康元年，帝崩，竇后臨朝，詔曰：「夫民生樹君，使司牧之，必須良佐，以固王業。前書谷永曰：「臣聞天生蒸人，不能相持，爲立王者以統理之故也。」前太尉陳蕃，忠清直亮。其以蕃爲太傅，錄尚書事。」時新遭大喪，國嗣未立，諸尚書畏懼權官，託病不朝。蕃以書責之曰：「古人立節，事亡如存。言人主雖亡，法度尚在，當行之與不亡時同，故曰如存。前書袁盎曰「主在與在，主亡與亡」也。今帝祚未立，政事日蹙，諸君奈何委荼蓼之苦，息偃在牀？詩國風曰：「誰謂荼苦，其甘如薺。」周頌曰：「未堪家多難，予又集于蓼。」於義不足，焉得仁乎！」諸尚書惶怖，皆起視事。

靈帝卽位，竇太后復優詔蕃曰：「蓋褒功以勸善，表義以厲俗，無德不報，大雅所歎。詩大雅曰：「無言不讎，無德不報。」太傅陳蕃，輔弼先帝，出內累年。內音納。尚書曰：「出納朕命」也。忠孝之美，德冠本朝；謇愕之操，華首彌固。齊宣王對閭丘卬曰：「夫士亦華髮墮顛而後可用。」見新序。今封蕃高陽侯，食邑三百戶。」蕃上疏讓曰：「使者卽臣廬，授高陽鄉侯印綬，卽，就也。臣誠悼心，不知所裁。臣聞讓，身之文，德之昭也，然不敢盜以爲名。竊惟割地之封，功德是爲，臣孰自思省，前後歷職，無它異能合亦食祿不合亦食祿臣雖無素絜之行竊慕君子不曰其道得之不居也論語孔子曰富與貴是人之所欲不以其道得之不處也若受爵不讓掩面就之詩小雅曰受爵不讓至于己斯亡注云爵祿不以相讓故怨禍及之也使皇天震怒災流下民於臣之身亦何所寄顧惟陛下哀臣朽老戒之在得論語孔子曰及其老也血氣既衰戒之在得注云得貪也竇太后不許蕃復固讓章前後十上竟不受封初桓帝欲立所幸田貴人爲皇后蕃以田氏卑微竇族良家爭之甚固帝不得已乃立竇后及后臨朝故委用於蕃蕃與后父大將軍竇武同心盡力徵用名賢共參政事天下之士莫不延頸想望太平而帝乳母趙嬈旦夕在太后側嬈音乃了反中常侍曹節王甫等與共交搆諂事太后太后信之數出詔命有所封拜及其支類多行貪虐蕃常疾之志誅中官會竇武亦有謀蕃自以既從人望而德於太后必謂其志可申乃先上疏曰臣聞言不直而行不正則爲欺乎天而負乎人危言極意則羣凶

側目禍不旋踵鈞此二者臣寍得禍不敢欺天也今京師囂囂道路諠譁言侯覽曹節公乘昕王甫鄭颯等與趙夫人諸女尚書並亂天下（趙夫人即趙嬈也女尚書宮內官也）附從者升進忤逆者中傷（前書劉向上書論王鳳曰稱譽者登進忤恨者誅傷也）方今一朝羣臣如河中木耳汎汎東西耽祿畏害陛下前始攝位順天行誅蘇康管霸並伏其辜是時天地清明人鬼歡喜奈何數月復縱左右元惡大姦莫此之甚今不急誅必生變亂傾危社稷其禍難量願出臣章宣示左右並令天下諸姦知臣疾之太后不納朝廷聞者莫不震恐蕃因與竇武謀之語在武傳及事泄曹節等矯詔誅武等蕃時年七十餘聞難作將官屬諸生八十餘人並拔刃突入承明門攘臂呼曰大將軍忠以衛國黃門反逆何云竇氏不道邪王甫時出與蕃相迕（迕猶遇也）適聞其言而讓蕃曰先帝新棄天下山陵未成竇武何功兄弟父子一門三侯又多取掖庭宮人

作樂飲讌旬月之間貲財億計大臣若此是爲道邪公爲棟梁枉橈阿黨復焉求賊遂令收蕃蕃拔劒叱甫甫兵不敢近乃益人圍之數十重遂執蕃送黃門北寺獄黃門從官騶（騶騎士也）蹋蹴蕃曰死老魅復能損我曹員數奪我曹稟假不卽日害之徙其家屬於比景宗族門生故吏皆斥免禁錮蕃友人陳留朱震時爲銍令（銍縣屬沛郡）聞而棄官哭之收葬蕃尸匿其子逸於甘陵界中事覺繫獄合門桎梏震授考掠誓死不言故逸得免後黃巾賊起大赦黨人乃追還逸官至魯相震字伯厚初爲州從事奏濟陰太守單匡臧罪并連匡兄中常侍車騎將軍超桓帝收匡下廷尉以譴超超詣獄謝三府諺曰車如雞栖馬如狗疾惡如風朱伯厚

論曰桓靈之世若陳蕃之徒咸能樹立風聲抗論惛俗而驅馳嶮阸之中與刑人腐夫同朝爭衡（前書班固曰相與提衡音義云衡平也言二人齊也）終取滅亡之禍

者彼非不能絜情志違埃霧也（違避也）愍夫世士以離俗為高而人倫莫相恤也以遯世為非義故屢退而不去以仁心為己任雖道遠而彌厲（論語曰仁以為己任不亦重乎死而後已不亦遠乎）及遭際會協策竇武自謂萬世一遇也懍懍乎伊望之業矣（懍懍有風采之貌也）功雖不終然其信義足以攜持民心漢世亂而不亡百餘年間數公之力也

王允字子師太原祁人也（祁今并州縣也）世仕州郡為冠蓋同郡郭林宗嘗見允而奇之曰王生一日千里王佐才也（史記曰田光謂燕太子丹曰臣聞騏驥壯盛之時一日千里至其老也駑馬先之）遂與定交年十九為郡吏時小黃門晉陽趙津貪橫放恣為一縣巨患允討捕殺之而津兄弟諂事宦官因緣譖訴桓帝震怒徵太守劉瓆下獄死允送喪還平原終畢三年然後歸家復還仕郡人有路佛者少無名行而太守王球召以補吏允犯顏固爭球怒收允欲殺之刺史鄧盛聞而馳傳辟為別駕從事允由是知名而

路佛㠯之廢弃允少好大節有志於立功嘗習誦經傳朝夕試馳射三公並辟㠯司徒高弟爲侍御史中平元年黃巾賊起特選拜豫州刺史辟荀爽孔融等爲從事上除禁黨討擊黃巾别帥大破之與左中郎將皇甫嵩右中郎將朱儁等受降數十萬於賊中得中常侍張讓賓客書疏與黃巾交通允具發其姦㠯狀聞靈帝責怒讓讓叩頭陳謝竟不能罪之而讓懷挾忿怨㠯事中允（中傷也）明年遂傳下獄（傳逮也）會赦還復刺史旬日閒復㠯它罪被捕司徒楊賜㠯允素高不欲使更楚辱（更經也楚苦痛）乃遣客謝之曰君㠯張讓之事故一月再徵凶慝難量幸爲深計（深計謂令自死）又諸從事好氣決者共流涕奉藥而進之允厲聲曰吾爲人臣獲罪於君當伏大辟㠯謝天下豈有乳藥求死乎投杯而起出就檻車既至廷尉左右皆促其事朝臣莫不歎息大將軍何進太尉袁隗司徒楊賜共上疏請之曰夫

內視反聽則忠臣竭誠寬賢矜能則義士厲節內視自視也反聽自聽也言皆恕己不責於人也是以孝文納馮唐之說文帝時魏尚爲雲中守下吏免馮唐爲郎中署長奏言曰臣聞魏尚爲雲中守上功首虜差六級陛下下之吏削其爵愚以爲陛下法太明賞太輕罰太重帝即日赦尚復爲雲中太守晉悼宥魏絳之罪左傳曰晉悼公之弟楊干亂行於曲梁魏絳戮其僕公怒之絳曰臣聞師衆以順爲武軍事有死無犯爲敬臣懼其死以及楊干無所逃罪公曰寡人有弟不能教訓使干大命寡人之過也子無重寡人之過與之禮食使佐新軍允以特選受命誅逆撫順曾未期月州境澄清方欲列其庸勳請加爵賞而以奉事不當當肆大戮責輕罰重有虧衆望臣等備位宰相不敢寢默誠以允宜蒙三槐之聽以招忠貞之心周禮朝士職三槐九棘公卿於下聽訟故曰三槐之聽書奏得以減死論是冬大赦而允獨不在宥三公咸復爲言至明年乃得解釋是時宦者橫暴睚眦觸死睚音五懈反眦音士懈反前書曰原涉好殺睚眦於塵中觸死者甚多允懼不免乃變易名姓轉側河內陳留閒轉側猶去來也及帝崩乃奔喪京師時大將軍何進欲誅宦官召允與謀事請爲從事中郎轉河南尹獻帝即位拜太僕再遷守尚書令初平元年代楊彪爲司徒守尚書令如

故及董卓遷都關中允悉收斂蘭臺石室圖書祕緯要者以從既至長安皆分別條上又集漢朝舊事所當施用者一皆奏之經籍具存允有力焉時董卓尚留洛陽朝政大小悉委之於允允矯情屈意每相承附卓亦推心不生乖疑故得扶持王室於危亂之中臣主內外莫不倚恃焉允見卓禍毒方深篡逆已兆密與司隸校尉黃琬尚書鄭公業等謀共誅之乃上護羌校尉楊瓚行左將軍事執金吾士孫瑞爲南陽太守並將兵出武關道以討袁術爲名實欲分路征卓而後挾天子還洛陽卓疑而留之允乃引內瑞爲僕射瓚爲尚書二年卓還長安錄入關之功封允爲溫侯食邑五千戶固讓不受士孫瑞說允曰夫執謙守約存乎其時公與董大師並位俱封而獨崇高節豈和光之道邪老子曰和其光同其塵允納其言乃受二千戶三年春連雨六十餘日允與士孫瑞楊瓚登臺請霽復結

前謀說文曰霽雨止也郭璞曰南陽呼雨止曰霽瑞曰自歲末㠯來太陽不照霖雨積時月犯執法執法星名史記曰太微南四星曰執法也彗孛仍見晝陰夜陽霧氣交侵此期應促盡內發者勝幾不可後公其圖之允然其言乃潛結卓將呂布使爲內應會卓入賀呂布因刺殺之語在卓傳帝時疾愈故入賀也允初議赦卓部曲呂布亦數勸之既而疑曰此輩無罪從其主耳今若名爲惡逆而特赦之適足使其自疑非所㠯安之之道也呂布又欲㠯卓財物班賜公卿將校允又不從而素輕布㠯劍客遇之布亦負其功勞多自誇伐既失意望漸不相平允性剛稜疾惡稜威稜也音力登反初懼董卓豺狼故折節圖之卓既殲滅自謂無復患難及在際會每乏溫潤之色仗正持重不循權宜之計是㠯羣下不甚附之董卓將校及在位者多涼州人允議罷其軍或說允曰涼州人素憚袁氏而畏關東今若一旦解兵開關則必人人自危可㠯皇甫義眞爲將軍

就領其衆因使留陝以安撫之而徐與關東通謀以觀其變允曰不然關東舉義兵者皆吾徒耳今若距險屯陝雖安涼州而疑關東之心甚不可也時百姓訛言當悉誅涼州人遂轉相恐動其在關中者皆擁兵自守更相謂曰丁彥思蔡伯喈但以董公親厚並尚從坐今既不赦我曹而欲解兵今日解兵明日當復爲魚肉矣卓部曲將李傕郭汜等先將兵在關東因不自安遂合謀爲亂攻圍長安城陷呂布奔走布駐馬靑瑣門外前書音義曰以靑畫戶邊鏤中天子制也招允曰公可以去乎允曰若蒙社稷之靈上安國家吾之願也若其不獲則奉身以死之朝廷幼少恃我而已朝廷謂天子也臨難苟免吾不忍也努力謝關東諸公勤以國家爲念初允以同郡宋翼爲左馮翊王宏爲右扶風是時三輔民庶熾盛兵穀富實李傕等欲卽殺允懼二郡爲患乃先徵翼宏宏遣使謂翼曰郭汜李傕以我二人在外故

未危王公今日就徵明日俱族計將安出翼曰雖禍福難量然王命所不得避也宏曰義兵鼎沸在於董卓況其黨與乎若舉兵共討君側惡人山東必應之此轉禍爲福之計也翼不從宏不能獨立遂俱就徵下廷尉傕乃收允及翼宏并殺之允時年五十六長子侍中蓋次子景定及宗族十餘人皆見誅害唯兄子晨陵得脫歸鄉里天子感慟百姓喪氣莫敢收允尸者唯故吏平陵令趙戩棄官營喪（戩音翦）王宏字長文少有氣力不拘細行初爲弘農太守考案郡中有事宦官買爵位者雖位至二千石皆掠考收捕遂殺數十人威動鄰界素與司隸校尉胡种有隙及宏下獄种遂迫促殺之宏臨命詬曰（詬罵也音火豆反）宋翼豎儒不足議大計（豎者言賤劣如僮豎）胡种樂人之禍禍將及之种後眠輒見宏以杖擊之因發病數日死後遷都於許帝思允忠節使改殯葬之遣虎賁中郎將奉策弔祭賜東園

祕器，贈以本官印綬，送還本郡。封其孫黑爲安樂亭侯，食邑三百戶。士孫瑞字君策，扶風人，頗有才謀。瑞以允自專討董卓之勞，故歸功不侯，所以獲免於難。後爲國三老、光祿大夫。每三公缺，楊彪、皇甫嵩皆讓位於瑞。興平二年，從駕東歸，爲亂兵所殺。趙戩字叔茂，長陵人，性質正多謀。初平中，爲尚書，典選舉。董卓數欲有所私授，戩輒堅拒不聽，言色强厲。卓怒，召將殺之，衆人悚慄，而戩辭貌自若。卓悔，謝釋之。長安之亂，客於荆州，劉表厚禮焉。及曹操平荆州，乃辟之，執戩手曰：「恨相見晚。」卒相國鍾繇長史。（鍾繇字元常，魏太祖時爲相國。）

論曰：士雖以正立，亦以謀濟。若王允之推董卓而引其權，伺其間而敝其罪，當此之時，天下懸解矣。（莊子曰：「斯所謂帝之懸解。」懸解猶安泰也。）而終不以猜忤爲釁者，知其本於忠義之誠也。故推卓不爲失正，分權不爲苟冒，伺間不爲狙詐，及其謀濟意從，則歸成於正也。

贊曰：陳蕃蕪室，志清天網。人謀雖緝，幽運未當。緝，合也。易下繫曰「人謀鬼謀」，言蕃設謀雖合，而冥運未符也。言觀殄瘁，曷非云亡。殄，盡也。瘁，病也。言國將殄瘁，豈不由賢人云亡乎？詩大雅曰「人之云亡，邦國殄瘁」也。子師圖難，晦心傾節。謂矯性屈意於董卓。功全元醜，身殘餘孽。時有隆夷，事亦工拙。誅卓爲工，被殺爲拙也。

陳王列傳第五十六

金陵書局仿汲古閣本刊

後漢書六十六

黨錮列傳第五十七　　後漢書六十七

唐章懷太子賢注

孔子曰性相近也習相遠也言嗜惡之本同而遷染之塗異也嗜猶好也惡音烏故反言人好惡各有本性遷染者由其所習尚書曰維人生厚因物有遷墨子曰墨子見染絲者泣而嘆曰染於蒼則蒼染於黃則黃故染不可不愼也非獨染絲然也國亦有染湯染於伊尹故王天下殷紂染於惡來故國殘身死爲天下僇夫刻意則行不肆牽物則其志流刻意刻削其意不得自恣也莊子曰刻意尚行離時異俗行音下孟反肆猶放縱也牽物謂爲物所牽制則其志流宕忘反也淮南子曰非拘繫牽連於物而不與推移也是以聖人導人理性裁抑宕佚愼其所與節其所偏雖情品萬區質文異數至於陶物振俗其道一也陶謂陶冶以成之管子曰夫法之制人猶陶之於埴冶之於金也埴猶植叔末澆訛王道陵缺叔末猶季末也謂當春秋之時而猶假仁以効己憑義以濟功舉中於理則強梁褫氣片言違正則廝臺解情蓋前哲之遺塵有足求者褫猶奪也音直紙反廝臺賤人也齊侯伐楚楚子使與師言曰君處北海寡人處南海唯是風馬牛不相及也不虞君之涉吾地也何故管仲對曰爾貢包茅不入王祭不供無以縮酒寡人是徵對曰貢之不入寡君之罪也遂使屈完與齊盟于召陵此強梁褫氣也又晉呂甥郤芮將焚公宮而殺晉侯寺人披請見公使讓之且辭曰汝爲惠公來求殺余命汝三宿汝中宿而至雖君有命何其速也對曰臣謂君之入也其知之矣若猶

未也又將及難君命無二古之制也除君之惡唯力是視蒲人狄人余何有焉今君卽位其無蒲狄乎此爲厮臺解情也並見左傳霸德旣衰狙詐萌起霸德衰六國時也狙音七余反廣雅曰狙獮猴也以其多詐故比之也彊者以決勝爲雄弱者以詐劣受屈至有畫半策而綰萬金開一說而錫琛瑞蘇秦說趙王賜白璧百雙黃金萬鎰虞卿一見趙王賜白璧一雙黃金百鎰見史記及戰國策或從徒步而仕執珪解草衣以升卿相史記曰楚惠王言莊舄越之鄙細人也今仕楚執珪貴富矣解草衣謂范睢蔡澤之類士之飾巧馳辯以要能釣利者不期而景從矣韓子李斯曰韓非飾辯作謀以釣利於秦也賈誼過秦曰贏糧而景從也自是愛尚相奪與時囘變其風不可留其敝不能反及漢祖杖劒武夫勃興憲令寬賒文禮簡闊緒餘四豪之烈人懷陵上之心四豪謂信陵君魏公子無忌平原君趙勝春申君黃歇孟嘗君田文前書班固曰游談者以四豪爲稱首輕死重氣怨惠必讐令行私庭權移匹庶任俠之方成其俗矣前書音義曰相與信爲任同是非爲俠所謂權行州域力折公侯者也自武帝以後崇尚儒學懷經協術所在霧會至有石渠分爭之論黨同伐異之說守文之徒盛於時矣武帝詔求賢良於是公孫弘董仲舒等出焉宣帝時集諸儒于石渠閣講論六藝召五經名儒太子太傅蕭望之等大議殿中平公羊穀梁同異同己者朋黨之異己者攻伐之劉歆書曰黨同門妒道眞至王莽專僞終於篡國

忠義之流，恥見纓紼，遂乃榮華丘壑，甘足枯槁。（謂龔勝、薛方、郭欽、蔣詡之類，並隱居不應莽召。）雖中興在運，漢德重開，而保身懷方，彌相慕襲，去就之節，重於時矣。（謂逢萌、嚴光、周黨、尚長之屬。）逮桓靈之間，主荒政謬，國命委於閹寺，士子羞與為伍，故匹夫抗憤，處士橫議，遂乃激揚名聲，互相題拂，品覈公卿，裁量執政，婞直之風，於斯行矣。（婞，恨也。音邢鼎反。）夫上好則下必甚，矯枉故直必過，其理然矣。（禮記曰：「下之事上也，不從其所令，從其所行。上好是物，下必有甚者矣。」矯，正也。正枉必過其直。見孟子。）若范滂、張儉之徒，清心忌惡，終陷黨議，不其然乎？初，桓帝為蠡吾侯，受學於甘陵周福，及即帝位，擢福為尚書。時同郡河南尹房植有名當朝，鄉人為之謠曰：「天下規矩房伯武，因師獲印周仲進。」二家賓客，互相譏揣，（初委反。）遂各樹朋徒，漸成尤隙，由是甘陵有南北部，黨人之議，自此始矣。後汝南太守宗資任功曹范滂，南陽太守成瑨亦委功曹岑晊，（音質。）二郡又為謠曰：「汝南太守范孟博，南陽宗資主畫諾。南陽太守岑公孝弘農成瑨但坐嘯謝承書曰成瑨少修仁義篤學以清名見舉孝廉拜郎中遷南陽太守郡舊多豪强中宮黃門盤牙境界瑨下車振威嚴以檢攝之是時桓帝乳母中官貴人外親張子禁怙恃貴埶不畏法網功曹岑晊勸使捕子禁付宛獄笞殺之桓帝徵瑨下獄死宗資字叔都南陽安衆人也家代爲漢將相名臣祖父均自有傳資少在京師學孟氏易歐陽尚書舉孝廉拜議郎補御史中丞汝南太守署范滂爲功曹委任政事推功於滂不伐其美任善之名聞於海內也因此流言轉入太學諸生三萬餘人郭林宗賈偉節爲其冠冠猶首也並與李膺陳蕃王暢更相褒重學中語曰天下模楷李元禮不畏强禦陳仲舉天下俊秀王叔茂又勃海公族進階公族姓也名進階風俗通曰晉成公立嫡子爲公族大夫韓無忌號公族穆子見左氏傳扶風魏齊卿並危言深論不隱豪强危言謂不畏危難而直言也論語孔子曰邦有道危言危行自公卿已下莫不畏其貶議屣履到門時河內張成善說風角推占當赦遂教子殺人李膺爲河南尹督促收捕既而逢宥獲免膺愈懷憤疾竟案殺之初成以方技交通宦官帝亦頗誶其占成弟子牢修因上書誣告膺等養太學遊士交結諸郡生徒更相驅馳共爲部黨誹訕朝廷疑亂風俗說文曰誹謗也蒼頡篇曰訕非也於是天子震怒班下郡國逮捕

黨人布告天下使同忿疾遂收執膺等其辭所連及陳寔之徒二百餘人或有逃遁不獲皆懸金購募使者四出相望於道明年尚書霍諝城門校尉竇武並表爲請帝意稍解乃皆赦歸田里禁錮終身而黨人之名猶書王府自是正直廢放邪枉熾結海內希風之流遂共相標搒希望也標搒猶相稱揚也搒與榜同古字通指天下名士爲之稱號上曰三君次曰八俊次曰八顧次曰八及次曰八廚猶古之八元八凱也竇武劉淑陳蕃爲三君君者言一世之所宗也李膺荀昱杜密王暢劉祐魏朗趙典朱寓爲八俊俊者言人之英也郭林宗宗慈巴肅夏馥范滂尹勳蔡衍羊陟爲八顧顧者言能以德行引人者也張儉岑晊劉表陳翔孔昱范康檀敷翟超爲八及及者言其能導人追宗者也導引也宗謂所宗仰也度尚張邈王考劉儒胡毋班秦周蕃嚮王章爲八廚蕃姓也音皮廚者言能以財救人者也又張儉鄉人朱竝承望中

常侍侯覽意旨上書告儉與同鄉二十四人別相署號共爲部黨圖危社稷以儉及檀彬褚鳳張肅薛蘭馮禧魏玄徐乾爲八俊田林張隱劉表薛郁王訪劉祇宣靖公緒恭爲八顧公緒姓也朱楷田槃疏耽薛敦宋布唐龍嬴咨宣褒爲八及刻石立墠共爲部黨而儉爲之魁墠除地於中爲壇墠音禪魁大帥也靈帝詔刊章捕儉等刊削不欲宣露並名故削除之而直捕儉等大長秋曹節因此諷有司奏捕前黨故司空虞放太僕杜密長樂少府李膺司隸校尉朱寓潁川太守巴肅沛相荀昱河內太守魏朗山陽太守翟超任城相劉儒太尉掾范滂等百餘人皆死獄中餘或先殁不及或亡命獲免自此諸爲怨隙者因相陷害睚眦之忿濫入黨中睚音五懈反廣雅曰睚裂也眦音才賜反前書音義曰瞋目貌也史記曰睚眦之隙必報又州郡承旨或有未嘗交關亦離禍毒其死徙廢禁者六七百人熹平五年永昌太守曹鸞上書大訟黨人言甚方切帝省奏大怒卽詔司隸益州檻車收鸞送槐

里獄掠殺之於是又詔州郡更考黨人門生故吏父子兄弟其在位者免官禁錮爰及五屬謂斬衰齊衰大功小功緦麻也光和二年上祿長和海上祿縣屬武都郡今成州縣也上言禮從祖兄弟別居異財恩義已輕服屬疏末而今黨人錮及五族既乖典訓之文有謬經常之法左氏傳曰父子兄弟罪不相及帝覽而悟之黨錮自從祖已下皆得解釋中平元年黃巾賊起中常侍呂彊言於帝曰黨錮久積人情多怨若久不赦宥輕與張角合謀爲變滋大悔之無救帝懼其言乃大赦黨人誅徙之家皆歸故郡其後黃巾遂盛朝野崩離綱紀文章蕩然矣詩大雅蕩篇序曰厲王無道天下蕩蕩無綱紀文章鄭玄注云蕩蕩法度廢壞之貌也

凡黨事始自甘陵汝南成於李膺張儉海內塗炭二十餘年諸所蔓衍皆天下善士三君八俊等三十五人其名迹存者並載乎篇陳蕃竇武王暢劉表度尚郭林宗別有傳荀昱附祖淑傳張邈附呂布傳胡母班附袁紹傳王考字文祖東平壽張人冀州刺史秦

周字平王陳留平丘人北海相蕃嚮字嘉景魯國人郎中王璋字伯儀東萊曲城人少府卿曲城縣故城在今萊州掖縣東北位行並不顯翟超山陽太守事在陳蕃傳字及郡縣未詳朱寓沛人與杜密等俱死獄中唯趙典名見而已

劉淑字仲承河間樂成人也祖父稱司隸校尉淑少學明五經遂隱居立精舍講授諸生常數百人州郡禮請五府連辟並不就永興二年司徒种暠舉淑賢良方正辭以疾桓帝聞淑高名切責州郡使輿病詣京師淑不得已而赴洛陽對策爲天下第一拜議郎又陳時政得失災異之占事皆效驗再遷尚書納忠建議多所補益又再遷侍中虎賁中郎將上疏以爲宜罷宦官辭甚切直帝雖不能用亦不罪焉以淑宗室之賢特加敬異每有疑事常密諮問之靈帝即位宦官譖淑與竇武等通謀下獄自殺

李膺字元禮，潁川襄城人也。祖父修，安帝時爲太尉。漢官儀曰：修字伯游。父益，趙國相。膺性簡亢，無所交接，亢，高也。唯以同郡荀淑、陳寔爲師友。初舉孝廉，爲司徒胡廣所辟，舉高第，再遷青州刺史。守令畏威明，多望風棄官。復徵，再遷漁陽太守。尋轉蜀郡太守，以母老乞不之官。謝承書曰：出補蜀郡太守，修庠序，設條教，明法令，威恩並行。蜀之珍玩，不入於門。益州紀其政化。朝廷舉能理劇，轉烏桓校尉。轉烏桓校尉。鮮卑數犯塞，膺常蒙矢石，每破走之，虜甚憚懾。謝承書曰：膺常率步騎，臨陣交戰，身被創痍，拭血進戰，遂敗寇，斬首二千級。以公事免官，還居綸氏，教授常千人。綸氏，縣，屬潁川郡，故城今陽城縣也。南陽樊陵求爲門徒，膺謝不受。陵後以阿附宦官，致位太尉，爲節志者所羞。漢官儀曰：樊陵字德雲。荀爽嘗就謁膺，因爲其御。既還，喜曰：「今日乃得御李君矣。」其見慕如此。永壽二年，鮮卑寇雲中，桓帝聞膺能，乃復徵爲度遼將軍。先是羌虜及疏勒、龜茲數出攻鈔張掖、酒泉、雲中諸郡，百姓屢被其害。自膺到邊，皆望風懼服，先所掠男女，悉送還塞下。自是之後，聲振遠域延熹二年徵再遷河南尹時宛陵大姓羊元羣罷北海郡臧罪狠籍郡舍溷軒有奇巧乃載之以歸溷軒厠屋膺表欲按其罪元羣行賂宦豎膺反坐輸作左校初膺與廷尉馮緄大司農劉祐等共同心志糾罰姦倖緄祐時亦得罪輸作司隸校尉應奉上疏理膺等曰昔秦人觀寶於楚昭奚恤莅以羣賢新序曰秦欲伐楚使使者往觀楚之寶器楚王聞之召昭奚恤問焉對曰此欲觀吾國之得失而圖之寶器在於賢臣遂使恤應之乃爲東面之壇一爲南面之壇四爲西面之壇一秦使者至恤曰君客也請就上位東面子西南面太宰子方次之葉公子高次之司馬子反次之恤自居西面之壇稱曰客觀楚國之寶器所寶者賢臣也理百姓實倉廩使人各得其所子西在此奉珪璋使諸侯解忿悁之難交兩國之權使無兵革之憂太宰子方在此守封疆謹境界不侵鄰國鄰亦不侵葉公子高在此理師旅正兵戎以當强敵提枹鼓以動百萬之衆使皆赴湯火蹈白刃出萬死不顧司馬子反在此若懷霸王之餘義獵理亂之遺風昭奚恤在此惟大國所觀秦使者瞿然無以對恤遂攝衣而去使反言秦君曰楚多賢臣未可謀也梁惠王瑋其照乘之珠齊威王答以四臣瑋猶美也史記曰魏惠王問齊威王曰王亦有寶乎威王曰無有魏王曰寡人之國雖小尚有徑寸珠照車前後十二乘者十枚奈何以萬乘之國而無寶乎威王曰寡人所以爲寶者與王異吾臣有檀子者使守南城楚人不敢爲寇吾臣有盼子者使守高唐則趙人不敢東漁於河吾臣有黔夫者使守徐州於是燕人祭北門趙人祭西門從者七千餘家吾臣有種首者使備盜賊則道不拾遺以此爲寶將以照千里豈持十二乘哉魏王慙不懌而去夫忠賢武將國之心膂竊見左校

弛刑徒前廷尉馮緄大司農劉祐河南尹李膺等執法不撓誅舉邪臣肆之以法肆陳也衆庶稱宜昔季孫行父親逆君命逐出莒僕於舜之功二十之一紀太子僕殺紀公以其寶玉來奔納諸宣公公命與之邑季文子使司寇出之境公問其故對曰孝敬忠信爲吉德盜賊藏姦爲凶德夫莒僕則其孝敬則弑君父矣則其忠信則竊寶玉矣其人則盜賊也是以去之舜舉十六相去四凶有大功二十而爲天子今行父雖未獲一吉人去一凶矣於舜之功二十之一也見左傳今膺等投身彊禦畢力致罪陛下既不聽察而猥受譖訴遂令忠臣同愆元惡自春迄冬不蒙降恕遐邇觀聽爲之歎息夫立政之要記功忘失是以武帝捨安國於徒中景帝時韓安國爲梁大夫坐法抵罪後梁內史缺起徒中爲二千石拜爲內史臣賢按此言武帝誤也宣帝徵張敞於亡命張敞爲京兆尹坐殺人亡命歸家冀州亂徵敞爲冀州刺史緄前討荊蠻均吉甫之功詩小雅曰顯允方叔征伐玁狁蠻荊來威鄭玄注云方叔先與吉甫征伐玁狁今特征伐蠻荊皆使來服於宣王之威美其功之多也緄以順帝時討長沙武陵蠻夷有功故以比之祐數臨督司有不吐茹之節謂祐奏梁冀弟旻又爲司隸校尉權豪畏之也詩曰唯仲山甫柔亦不茹剛亦不吐不侮鰥寡不畏彊禦膺著威幽并遺愛度遼今三垂蠢動王旅未振易稱雷雨作解君子以赦過宥罪易解卦象詞也卦坎下震上解坎爲險爲水水者雨之象震爲動爲雷王弼注云屯難盤結於是乎解也乞原

膺等已備不虞書奏乃悉免其刑再遷復拜司隸校尉時張讓弟朔爲野王令貪殘無道至乃殺孕婦聞膺厲威嚴懼罪逃還京師因匿兄讓弟舍藏於合柱中膺知其狀率將吏卒破柱取朔付洛陽獄受辭畢卽殺之讓訴冤於帝詔膺入殿御親臨軒詰已不先請便加誅辟之意膺對曰昔晉文公執衛成公歸于京師春秋是焉（公羊傳曰晉人執衛侯歸之于京師歸之于者執之乎天子之側者也罪定不定已可知矣何休注云歸之于者決辭也）禮云公族有罪雖曰宥之有司執憲不從（解見張輔傳）昔仲尼爲魯司寇七日而誅少正卯今臣到官已積一旬私懼以稽留爲愆不意獲速疾之罪誠自知釁責死不旋踵特乞留五日尅殄元惡退就鼎鑊始生之願也帝無復言顧謂讓曰此汝弟之罪司隸何愆乃遣出之自此諸黃門常侍皆鞠躬屏氣休沐不敢復出宮省帝怪問其故並叩頭泣曰畏李校尉是時朝廷日亂綱紀頹阤膺獨持風裁以聲名自高（裁音才代反）

士有被其容接者名爲登龍門以魚爲喻也龍門河水所下之口在今絳州龍門縣辛氏三秦記曰河津一名龍門水險不通魚鼈
之屬莫能上江海大魚薄集龍門下數千不得上上則爲龍也及遭黨事當考實膺等案經三府太尉陳蕃
卻之曰今所考案皆海內人譽憂國忠公之臣此等猶將十世宥
也解見耿弇傳豈有罪名不章而致收掠者乎不肯平署平署猶連署也帝愈怒遂
下膺等於黃門北寺獄獄名解見靈紀也膺等頗引宦官子弟宦官多懼請
帝以天時宜赦於是大赦天下膺免歸鄉里居陽城山中天下士
大夫皆高尚其道而汙穢朝廷以朝廷爲汙穢也及陳蕃免太尉朝野屬意
於膺荀爽恐其名高致禍欲令屈節以全亂世爲書貽曰久廢過
庭不聞善誘陟岵瞻望惟日爲歲論語曰鯉趨而過庭子曰學詩乎曰未也又曰孔子恂恂然善誘人詩曰陟彼岵兮瞻望父兮
又曰一日不見如三歲兮爽致敬於膺故以父爲喻也知以直道不容於時悅山樂水家于陽城道近
路夷當即聘問無狀嬰疾闕於所仰頃聞上帝震怒貶黜鼎臣上帝
謂天子鼎臣即陳蕃人鬼同謀易下繫曰人謀鬼謀百姓與能以爲天子當貞觀二五利見大人易曰

天地之道貞觀也乾九二九五並曰利見大人也不謂夷之初旦明而未融夷傷也融朗也明夷卦離下坤上離爲日坤爲地日之初出其明未朗左傳曰明而未融其當旦乎以膺顯故喻之也虹蜺揚煇弃和取同春秋考異郵曰虹蜺出亂惑弃和謂弃君子同小人也論語曰君子和而不同小人同而不和也方今天地氣閉大人休否易文言曰天地閉賢人隱否九五曰大人休否休否謂休廢而否塞智者見險投以遠害見險難故投身以遠害也易曰君子以險德避難不可榮以祿雖匱人望內合私願匱乏也想甚欣然不爲恨也願怡神無事偃息衡門毛萇詩注曰衡門橫木爲門任其飛沈與時抑揚頊之帝崩陳蕃爲太傅與大將軍竇武共秉朝政連謀誅諸宦官故引用天下名士乃以膺爲長樂少府及陳竇之敗膺等復廢後張儉事起收捕鉤黨鄉人謂膺曰可去矣對曰事不辭難罪不逃刑臣之節也左傳曰晉侯之弟楊干亂行於曲梁魏絳戮其僕晉侯怒謂羊舌赤曰合諸侯以爲榮也楊干爲戮何辱如之必殺魏絳無失也對曰絳無貳志事君不避難有罪不逃刑其將來辭何辱命焉吾年已六十死生有命去將安之乃詣詔獄考死妻子徙邊門生故吏及其父兄並被禁錮時侍御史蜀郡景毅子顧爲膺門徒而未有錄牒故不及於譴毅乃慨然曰本謂膺賢遣

子師之豈可以漏奪名籍苟安而已遂自表免歸時人義之膺子瓚位至東平相（謝承書瓚作珪）初曹操微時瓚異其才將沒謂子宣等曰時將亂矣天下英雄無過曹操張孟卓與吾善袁本初汝外親雖爾勿依必歸曹氏諸子從之並免於亂世

杜密字周甫潁川陽城人也爲人沈質少有厲俗志爲司徒胡廣所辟稍遷代郡太守徵三遷太山太守北海相其宦官子弟爲令長有姦惡者輒捕案之行春到高密縣見鄭玄爲鄉佐知其異器即召署郡職遂遣就學後密去官還家每謁守令多所陳託同郡劉勝亦自蜀郡告歸鄉里閉門埽軌無所干及（軌車迹也言絕人事）太守王昱謂密曰劉季林清高士公卿多舉之者密知昱激己對曰劉勝位爲大夫見禮上賓而知善不薦聞惡無言隱情惜己自同寒蟬此罪人也（寒蟬謂寂默也楚詞曰悲哉秋之爲氣也蟬寂漠而無聲）今志義力行之賢而密達之（力行謂盡力行善也）

禮記曰好問近乎智力行近乎仁違道失節之士而密糾之使明府賞刑得中令問休揚不亦萬分之一乎昱慙服待之彌厚後桓帝徵拜尚書令遷河南尹轉太僕黨事既起免歸本郡與李膺俱坐而名行相次故時人亦稱李杜焉前有李固杜喬故言亦也後太傅陳蕃輔政復爲太僕明年坐黨事被徵自殺

劉祐字伯祖中山安國人也安國縣故城在今定州義豐縣東南謝承書曰祐宗室胄緒代有名位少修操行學嚴氏春秋小戴禮古文尚書仕郡爲主簿郡將少子嘗出錢付之令市買果實祐悉以買筆書具與之因白郡將言郎君年可入小學而但傲很遠近謂明府無過庭之教請出授書郡將爲使子就祐授經五日一試不滿呈限白決罰遂成學業也安國後別屬博陵祐初察孝廉補尚書侍郎閑練故事文札強辨每有奏議應對無滯爲僚類所歸除任城令兗州舉爲尤異遷揚州刺史是時會稽太守梁旻大將軍冀之從弟也祐舉奏其罪旻坐徵復遷祐河東太守時屬縣令長率多中官子弟百姓患之祐到黜其權強平理冤結政爲三河表三河謂河東河內河南也表猶標準也再遷延

熹四年，拜尚書令，又出爲河南尹，轉司隷校尉。時權貴子弟罷州郡還入京師者，每至界首，輒改易輿服，隱匿財寶，威行朝廷。拜宗正，三轉大司農。時中常侍蘇康、管霸用事於內，遂固天下良田美業，山林湖澤，民庶窮困，州郡累氣。累氣，屏息也。祐移書所在，依科品沒入之。桓帝大怒，論祐輸左校。後得赦出，復歷三卿，輒以疾辭，乞骸骨歸田里。詔拜中散大夫。遂杜門絶迹。每三公缺，朝廷皆屬意於祐，以譖毀不用。延篤貽之書曰：「昔太伯三讓，人無德而稱焉；三讓解見和帝紀。延陵高揖，華夏仰風。揖，讓也。左傳：吳王壽夢卒，子諸樊既除喪，將立弟季札，札棄其室而耕，乃舍之。吾子懷蘧氏之可卷，體甯子之如愚，蘧伯字伯玉，甯子名俞，並衛大夫。論語孔子曰：「君子哉蘧伯玉！邦有道則仕，邦無道則可卷而懷之。」又曰：「甯武子邦無道則愚。」微妙玄通，沖而不盈，老子曰：「古之善爲道者，微妙玄通，深不可識也。」又曰：「道沖而用之或不盈。」蔑三光之明，未暇以天下爲事，何其劭與！」莊子曰：舜讓天下於子州支伯，子州支伯曰：「予適有幽憂之病，方且理之，未暇理天下也。」靈帝初，陳蕃輔政，以祐爲河南尹。及蕃敗，祐黜歸，卒于家。明年大誅黨人，幸不

及禍

魏朗字少英會稽上虞人也上虞縣故城在今越州餘姚縣西有虞山在縣東少爲縣吏兄爲鄉人所殺朗白日操刃報讎於縣中遂亡命到陳國從博士郤仲信學春秋圖緯孔子作春秋緯十二篇又詣太學授五經京師長者李膺之徒爭從之初辟司徒府再遷彭城令時中官子弟爲國相多行非法朗與更相章奏幸臣忿疾欲中之中猶中傷會九眞賊起乃共薦朗爲九眞都尉到官奬厲吏兵討破羣賊斬首二千級桓帝美其功徵拜議郎頃之遷尚書屢陳便宜有所補益出爲河內太守政稱三河表尚書令陳蕃薦朗公忠亮直宜在機密復徵爲尚書會被黨議免歸家朗性矜嚴閉門整法度家人不見惰容後竇武等誅朗以黨被急徵行至牛渚自殺牛渚山名突出江中謂爲牛渚圻在今宣州當塗縣北也著書數篇號魏子云

夏馥字子治陳留圉人也少爲書生言行質直同縣高氏蔡氏並

皆富殖郡人畏而事之唯馥比門不與交通（比門猶並門也）由是為豪姓所仇桓帝初舉直言不就馥雖不交時宦然以聲名為中官所憚遂與范滂張儉等俱被誣陷詔下州郡捕為黨魁及儉等亡命經歷之處皆被收考辭所連引布徧天下馥乃頓足而歎曰孽自己作空汙良善一人逃死禍及萬家何以生為乃自翦須變形入林慮山中（林慮今相州縣）隱匿姓名為冶家傭親突煙炭形貌毀瘁積二三年人無知者後馥弟靜乘車馬載縑帛追之於涅陽市中（涅陽縣屬南陽郡）遇馥不識聞其言聲乃覺而拜之馥避不與語靜追隨至客舍共宿夜中密呼靜曰吾以守道疾惡故為權宦所陷且念營苟全以庇性命弟柰何載物相求是以禍見追也明旦別去黨禁未解而卒

宗慈字孝初南陽安眾人也（安眾在今南陽縣西南仍有其名無復其址也）舉孝廉九辟公府有道徵不就後為修武令時太守出自權豪多取貨賂慈遂棄官去

徵拜議郎未到道疾卒南陽羣士皆重其義行

巴肅字恭祖勃海高城人也高城縣故城在今滄州鹽山縣南初察孝廉歷愼令貝丘長愼縣屬汝南郡貝丘縣屬淸河郡皆以郡守非其人辭病去辟公府稍遷拜議郎與竇武陳蕃等謀誅閹官武等遇害肅亦坐黨禁錮中常侍曹節後聞其謀收之肅自載詣縣縣令見肅入閤解印綬與俱去肅曰爲人臣者有謀不敢隱有罪不逃刑既不隱其謀矣又敢逃其刑乎遂被害刺史賈琮刊石立銘以記之

范滂字孟博汝南征羌人也征羌解見來歙傳謝承書曰汝南細陽人也少厲淸節爲州里所服舉孝廉光祿四行漢官儀曰光祿舉敦厚質樸遜讓節儉此爲四行也時冀州饑荒盜賊羣起乃以滂爲淸詔使案察之滂登車攬轡慨然有澄淸天下之志及至州境守令自知臧汙望風解印綬去其所舉奏莫不厭塞衆議遷光祿勳主事時陳蕃爲光祿勳滂執公儀詣蕃蕃不止之滂懷恨

投版棄官而去版，笏也。郭林宗聞而讓蕃曰：「若范孟博者，豈宜以公禮格之？格，正也。今成其去就之名，得無自取不優之譏邪？」蕃乃謝焉。復爲太尉黃瓊所辟。後詔三府掾屬舉謠言，漢官儀曰：「三公聽採長史臧否，人所疾苦，還條奏之，是爲舉謠言也。」頃者舉謠言，掾屬令史都會殿上，主者大言州郡行狀云何，善者同聲稱之，不善者默爾銜枚。滂奏刺史、二千石權豪之黨二十餘人。尚書責滂所劾猥多，疑有私故。滂對曰：「臣之所舉，自非叨穢姦暴，深爲民害，豈以汙簡札哉！閒以會日迫促，故先舉所急，其未審者，方更參實。臣聞農夫去草，嘉穀必茂；左傳曰：「爲國家者，見惡如農夫之務去草焉。」忠臣除姦，王道以清。若臣言有貳，甘受顯戮。」吏不能詰。滂覩時方艱，知意不行，因投劾去。太守宗資先聞其名，請署功曹，委任政事。滂在職，嚴整疾惡。其有行違孝悌，不軌仁義者，皆埽迹斥逐，不與共朝。顯薦異節，抽拔幽陋。滂外甥西平李頌，公族子孫，而爲鄉曲所棄，中常侍唐衡以頌請資，資用爲吏。滂以非其人，寢而不召。資遷怒，捶書佐朱零零仰曰范滂清裁猶以利刃齒腐朽（裁音才載反）今日寍受笞死而滂不可違貧乃止郡中中人以下莫不歸怨乃指滂之所用以爲范黨後牢修誣言鉤黨（鉤引黨也）滂坐繫黃門北寺獄獄吏謂曰凡坐繫皆祭皐陶滂曰皐陶賢者古之直臣知滂無罪將理之於帝（帝謂天也）如其有罪祭之何益衆人由此亦止獄吏將加掠考滂以同囚多嬰病乃請先就格遂與同郡袁忠爭受楚毒桓帝使中常侍王甫以次辨詰滂等皆三木囊頭暴於堦下（三木項及手足皆有械更以物蒙覆其頭也前書司馬遷曰魏其大將也衣赭關三木也）餘人在前或對或否滂忠於後越次而進王甫詰曰君爲人臣不推忠國而共造部黨自相褒舉評論朝廷虛搆無端諸所謀結並欲何爲皆以情對不得隱飾滂對曰臣聞仲尼之言見善如不及見惡如探湯（探湯諭去疾也見論語）欲使善善同其清惡惡同其汙謂王政之所願聞不悟更以爲黨甫曰卿更相拔舉迭爲脣齒有不合者見

則排斥其意如何滂乃慷慨仰天曰古之循善自求多福今之循善身陷大戮身死之日願埋滂於首陽山側上不負皇天下不愧夷齊伯夷叔齊餓死首陽山見史記首陽山在洛陽東北甫愍然爲之改容乃得並解桎梏鄭玄注周禮曰木在足曰桎在手曰梏滂後事釋南歸始發京師汝南南陽士大夫迎之者數千兩兩車也尚書曰戎車三百兩同囚鄉人殷陶黄穆亦免俱歸並衞侍於滂應對賓客滂顧謂陶等曰今子相隨是重吾禍也遂遁還鄉里初滂等繫獄尚書霍諝理之及得免到京師往候諝而不爲謝或有讓滂者對曰昔叔向嬰罪祁奚救之未聞羊舌有謝恩之辭祁老有自伐之色竟無所言左傳晉討欒盈之黨殺叔向之弟羊舌虎幷囚叔向於是祁奚聞之見范宣子曰夫謀而鮮過惠訓不倦者叔向有焉社稷之固也猶將十代宥之今一不免其身不亦惑乎宣子說而免之祁奚不見叔向而歸叔向亦不告免焉而朝孔安國注尚書曰自功曰伐也建寧二年遂大誅黨人詔下急捕滂等督郵吴導至縣抱詔書閉傳舍伏牀而泣傳驛舍也音知戀反滂聞之曰必爲我也卽自詣獄縣令郭揖大驚出解印綬引與俱

亡曰天下大矣子何爲在此滂曰滂死則禍塞何敢以罪累君又令老母流離乎其母就與之訣滂白母曰仲博孝敬足以供養仲博滂弟也滂從龍舒君歸黃泉謝承書曰滂父顯故龍舒侯相也存亡各得其所惟大人割不可忍之恩勿增感戚母曰汝今得與李杜齊名李膺杜密死亦何恨既有令名復求壽考可兼得乎滂跪受教再拜而辭顧謂其子曰吾欲使汝爲惡則惡不可爲使汝爲善則我不爲惡行路聞之莫不流涕時年三十三

論曰李膺振拔汙險之中前書班固曰振拔汙塗跨騰風雲也蘊義生風以鼓動流俗周易曰鼓以動之激素行以恥威權立廉尚以振貴埶使天下之士奮迅感槩波蕩而從之幽深牢破室族而不顧至于子伏其死而母歡其義壯矣哉子曰道之將廢也與命也論語之文

尹勳字伯元河南鞏人也家世衣冠伯父睦爲司徒兄頌爲太尉

宗族多居貴位者而勲獨持清操不㠯地埶尙八州郡連辟察孝廉三遷邯鄲令政有異迹後舉高第五遷尙書令及桓帝誅大將軍梁冀勲參建大謀封都鄉侯遷汝南太守上書解釋范滂袁忠等黨議禁錮尋徵拜將作大匠轉大司農坐賓武等事下獄自殺

蔡衍字孟喜汝南項人也項今陳州項城縣也少明經講授㠯禮讓化鄉里鄉里有爭訟者輒詣衍決之其所平處皆曰無怨舉孝廉稍遷冀州刺史中常侍具瑗託其弟恭舉茂才衍不受乃收齎書者案之又劾奏河間相曹鼎臧罪千萬鼎者中常侍騰之弟也騰使大將軍梁冀爲書請之衍不答鼎竟坐輸作左校乃徵衍拜議郎符節令梁冀聞衍賢請欲相見衍辭疾不往冀恨之時南陽太守成瑨等㠯收糾宦官考廷尉衍與議郎劉瑜表救之言甚切厲坐免官還家杜門不出靈帝卽位復拜議郎會病卒

羊陟字嗣祖，太山梁父人也。梁父故城在今兗州泗水縣北。家世衣冠族。陟少清直，有學行，舉孝廉，辟太尉李固府，舉高第，拜侍御史。會固被誅，陟以故吏禁錮歷年。復舉高第，再遷兾州刺史。奏案貪濁，所在肅然。又再遷虎賁中郎將、城門校尉，三遷尚書令。時太尉張顥、司徒樊陵、大鴻臚郭防、太僕曹陵、大司農馮方並與宦豎相姻私，公行貨賂，並奏罷黜之，不納。以前太尉劉寵、司隸校尉許永、幽州刺史楊熙、涼州刺史劉恭、益州刺史龐艾清亮在公，薦舉升進。帝嘉之，拜陟河南尹。計日受奉，常食乾飯茹菜，禁制豪右，京師憚之。會黨事起，免官禁錮，卒于家。

張儉字元節，山陽高平人，趙王張耳之後也。張耳，大梁人也，高祖立為趙王。父成，江夏太守。儉初舉茂才，以刺史非其人，謝病不起。延熹八年，太守翟超請為東部督郵。時中常侍侯覽家在防東，縣名，屬山陽郡，故城在今兗州金鄉縣南。殘暴百姓所爲不軌儉舉劾覽及其母罪惡請誅之覽遏絕章表並不得通由是結仇覽等鄉人朱並素性佞邪爲儉所棄並懷怨恚遂上書告儉與同郡二十四人爲黨於是刊章討捕儉得亡命困迫遁走望門投止莫不重其名行破家相容復流轉東萊止李篤家外黄令毛欽操兵到門篤引欽謂曰張儉知名天下而亡非其罪縱儉可得寍忍執之乎欽因起撫篤曰蘧伯玉恥獨爲君子足下如何自專仁義篤曰篤雖好義明廷今日載其半矣明廷猶明府言不執儉得義之半也欽歎息而去篤因緣送儉出塞已故得免其所經歷伏重誅者已十數宗親並殄滅郡縣爲之殘破中平元年黨事解乃還鄉里大將軍三公並辟又舉敦樸公車特徵起家拜少府皆不就獻帝初百姓饑荒而儉資計差溫乃傾竭財產與邑里共之賴其存者已百數建安初徵爲衛尉不得已而起儉見曹氏世德已萌乃闔門懸

車不豫政事歲餘卒于許下年八十四

論曰昔魏齊違死虞卿解印違避也史記魏齊魏之諸公子也虞卿趙相也范睢入秦為昭王相昭王乃遺趙王書曰魏齊范睢之仇也急持其頭來趙王乃圍齊齊急見虞卿卿度趙王不可說乃解其印與齊往信陵君所信陵君初聞之疑後乃出迎齊聞信陵初疑遂自刎趙王持其頭遺秦也季布逃亡朱家甘罪季布楚人為項羽將數窘漢王羽敗漢購求布千金敢舍匿罪三族布匿濮陽周氏髡鉗布之魯朱家所賣之朱家心知是季布也買置田舍乃往洛陽見汝陰侯灌嬰說之曰季布何罪臣各為主用職耳汝陰侯言於高帝帝乃赦之拜郎中後為河東守也而張儉見怒時王顛沛假命天下聞其風者莫不憐其壯志而爭為之主至乃捐城委爵破族屠身蓋數十百所豈不賢哉然儉以區區一掌而欲獨堙江河堙塞也前書班固曰何武王嘉區區以一簣障江河用沒其身終嬰疾甚之亂多見其不知量也論語曰人而不仁疾之已甚亂也又曰人雖欲自絕其何傷於日月乎多見其不知量也

岑晊字公孝南陽棘陽人也棘音力父豫為南郡太守以貪叨誅死方言曰叨殘也晊年少未知名往候同郡宗慈慈方以有道見徵賓客滿門以晊非良家子不肯見晊留門下數日晚乃引入慈與語大奇之遂

將俱至洛陽因詣太學受業晊有高才郭林宗朱公叔等皆爲友李膺王暢稱其有幹國器雖在閭里慨然有董正天下之志（爾雅曰董督正也）太守弘農成瑨下車欲振威嚴聞晊高名請爲功曹又以張牧爲中賊曹吏瑨委心晊牧襃善糾違肅清朝府宛有富賈張汎者桓帝美人之外親善巧雕鏤玩好之物頗以賂遺中官以此並得顯位恃其伎巧用埶縱横晊與牧勸瑨收捕汎等既而遇赦晊竟誅之并收其宗族賓客殺二百餘人後乃奏聞於是中常侍侯覽使汎妻上書訟其冤帝大震怒徵瑨下獄死晊與牧遁逃亡匿齊魯之間會赦出後州郡察舉三府交辟並不就及李杜之誅因復逃竄終于江夏山中云

陳翔字子麟汝南邵陵人也祖父珍司隸校尉翔少知名善交結察孝廉太尉周景辟舉高第拜侍御史時正旦朝賀大將軍梁冀

威儀不整翔奏冀侍貴不敬請收案罪時人奇之遷定襄太守徵拜議郎遷揚州刺史舉奏豫章太守王永奏事中官吳郡太守徐參在職貪穢並徵詣廷尉參中常侍璜之弟也由此威名大振又徵拜議郎補御史中丞坐黨事考黃門北寺獄以無驗見原卒于家

孔昱字元世魯國魯人也七世祖霸成帝時歷九卿封褒成侯臣賢案前書孔霸字次儒卽安國孫世習尚書宣帝時爲太中大夫授太子經遷詹事高密相元帝卽位霸以師賜爵關內侯號褒成君薨謚曰烈君今范書及謝承書皆云成帝又言封侯葢誤也詹事及相俱二千石故曰歷卿自霸至昱爵位相係其卿相牧守五十三人列侯七人昱少習家學家學尚書大將軍梁冀辟不應太尉舉方正對策不合乃辭病去後遭黨事禁錮靈帝卽位公車徵拜議郎補洛陽令以師喪棄官卒于家

范康字仲眞勃海重合人也重合縣故城在今滄州樂陵縣東少受業太學與郭林宗

親善舉孝廉再遷潁陰令有能迹遷太山太守郡內豪姓多不法康至奮威怒施嚴令莫有干犯者先所請奪人田宅皆遽還之是時山陽張儉殺常侍侯覽母案其宗黨賓客或有迸匿太山界者康旣常疾閹官因此皆窮相收掩無得遺脫覽大怨之誣康與兗州刺史第五種及都尉壺嘉詐上賊降徵康詣廷尉減死罪一等徙日南潁陰人及太山羊陟等詣闕爲訟乃原還本郡卒于家

檀敷字文有山陽瑕丘人也瑕丘今兗州縣少爲諸生家貧而志清不受鄉里施惠舉孝廉連辟公府皆不就立精舍教授遠方至者常數百人桓帝時博士徵不就靈帝卽位太尉黃瓊舉方正對策合時宜再遷議郎補蒙令蒙縣屬梁國以郡守非其人棄官去家無產業子孫同衣而出年八十卒于家謝承書曰敷與子孫同衣而行并日而食也

劉儒字叔林東郡陽平人也陽平故城今魏州莘縣郭林宗嘗謂儒口訥心辯有

珪璋之質（珪璋玉也半珪曰璋謝承書曰林宗歎儒有珪璋之質終必爲令德之士詩曰如珪如璋令聞令望）察孝廉舉高第三遷侍中桓帝時數有災異下策博求直言儒上封事十條極言得失辭甚忠切帝不能納出爲任城相頃之徵拜議郎會竇武事下獄自殺

賈彪字偉節潁川定陵人也少遊京師志節慷慨與同郡荀爽齊名初仕州郡舉孝廉補新息長（新息今豫州縣）小民困貧多不養子彪嚴爲其制與殺人同罪城南有盜劫害人者北有婦人殺子者彪出案發（就發處案驗也）而掾吏欲引南彪怒曰賊寇害人此則常理母子相殘逆天違道遂驅車北行案驗其罪城南賊聞之亦面縛自首數年間人養子者千數僉曰賈父所長生男名爲賈子生女名爲賈女延熹元年黨事起太尉陳蕃爭之不能得朝廷寒心莫敢復言彪謂同志曰吾不西行大禍不解乃入洛陽說城門校尉竇武尚書霍

譖武等訟之，桓帝以此大赦黨人。李膺出，曰：「吾得免此，賈生之謀也。」先是岑晊以黨事逃亡，親友多匿焉，彪獨閉門不納，時人望之。望怨也彪曰：「傳言『相時而動，無累後人』。相視也。左傳之文也公孝以要君致釁，自遺其咎，吾以不能奮戈相待，反可容隱之乎？」於是咸服其裁正。以黨禁錮，卒于家。初，彪兄弟三人，並有高名，而彪最優，故天下稱曰「賈氏三虎，偉節最怒」。

何顒字伯求，南陽襄鄉人也。襄鄉故城在今隨州棗陽縣東北也少遊學洛陽。顒雖後進，而郭林宗、賈偉節等與之相好，顯名太學。友人虞偉高有父讎未報，而篤病將終，顒往候之，偉高泣而訴。顒感其義，為復讎，以頭醊其墓。醊，祭酹也。音竹歲反及陳蕃、李膺之敗，顒以與蕃、膺善，遂為宦官所陷，乃變姓名，亡匿汝南間。所至皆親其豪傑，有聲荆豫之域。袁紹慕之，私與往來，結為奔走之友。詩大雅曰：「予曰有胥附，予曰有先後，予曰有奔走，予曰有禦侮。」毛萇注曰：「諭德宣譽曰奔走也。」是時黨事起天下多離其難顒常私入洛陽從紹計議其窮困閉厄者爲求援救㠯濟其患有被掩捕者則廣設權計使得逃隱全免者甚衆及黨錮解顒辟司空府每三府會議莫不推顒之長累遷及董卓秉政逼顒㠯爲長史託疾不就乃與司空荀爽司徒王允等共謀卓會爽薨顒㠯它事爲卓所繫憂憤而卒初顒見曹操歎曰漢家將亡安天下者必此人也操㠯是嘉之嘗稱潁川荀彧王佐之器及彧爲尚書令遣人西迎叔父爽并致顒屍而葬之爽冢傍

贊曰渭㠯涇濁玉㠯礫貞物性既區嗜惡從形礫音歷說文曰礫小石也言渭以涇濁乃顯其淸玉居礫石乃見其貞區猶別也嗜愛也從形謂形有善惡也以諭彼李膺等與宦豎不同故相憎疾蘭猶無並銷長相傾蕕臭草也左傳曰一薰一蕕十年尚猶有臭易否卦曰小人道長君子道銷泰卦曰君子道長小人道銷老子曰高下相傾也徒恨芳膏煎灼燈明前書龔勝死有一老父入哭甚哀曰薰以香自燒膏以明自銷

黨錮列傳第五十七　　後漢書六十七

郭符許列傳第五十八　後漢書六十八

唐章懷太子賢注

郭太字林宗范曄父名泰故改爲此太鄭公業之名亦同也太原界休人也界休今汾州縣家世貧賤早孤母欲使給事縣廷蒼頡篇曰廷直也說文廷朝中也風俗通曰廷正也言縣廷郡廷朝廷皆取平均正直也林宗曰大丈夫焉能處斗筲之役乎遂辭就成皋屈伯彥學三年業畢博通墳籍善談論美言制乃遊於洛陽始見河南尹李膺膺大奇之遂相友善於是名震京師後歸鄉里衣冠諸儒送至河上車數千兩林宗唯與李膺同舟而濟衆賓望之以爲神仙焉司徒黃瓊辟太常趙典舉有道或勸林宗仕進者對曰吾夜觀乾象晝察人事天之所廢不可支也左傳晉汝叔寬之詞支猶持也遂並不應性明知人好獎訓士類身長八尺容貌魁偉褒衣博帶周遊郡國嘗於陳梁間行遇雨巾一角墊音丁念反周遷輿服雜事曰巾以葛爲之形如帢音口洽反本居士野人所服魏武造帢其巾乃廢今國子學生服焉以白紗爲之時人乃故折巾一角

吕爲林宗巾其見慕皆如此泰別傳曰泰名顯士爭歸之載刺常盈車或問汝南范滂曰郭林宗何如人滂曰隱不違親介推之類貞不絕俗柳下惠之類天子不得臣諸侯不得友吾不知其他禮記曰儒有上不臣天子下不事諸侯後遭母憂有至孝稱謝承書曰遭母憂歐血發病歷年乃瘳林宗雖善人倫而不爲危言覈論禮記曰擬人必於其倫鄭玄注曰倫猶類也論語孔子曰邦有道危言危行邦無道危行言遜覈猶實也故宦官擅政而不能傷也及黨事起知名之士多被其害惟林宗及汝南袁閎得免焉遂閉門教授弟子吕千數建寧元年太傅陳蕃大將軍竇武爲閹人所害林宗哭之於野慟既而歎曰人之云亡邦國殄瘁詩大雅之詞瞻烏爰止不知于誰之屋耳詩小雅也言不知王業當何所歸

明年春卒于家時年四十二四方之士千餘人皆來會葬謝承書曰泰以建寧二年正月卒自弘農函谷關以西河內湯陰以北二千里負笈荷擔彌路柴車葦裝塞塗蓋有萬數來赴同志者乃共刻石立碑蔡邕爲文既而謂涿郡盧植曰吾爲碑銘多矣皆有慙德唯郭有道無愧色耳其獎拔士人皆如所鑒謝承書曰泰之所名人品乃定先言後驗衆皆服之故適陳留則友符偉明遊太學則師仇季智之

陳國則親魏德公入汝南則交黃叔度初太始至南州過袁奉高不宿而去從叔度累日不去或以問太太曰奉高之器譬之泛濫雖清而易挹叔度之器汪汪若千頃之波澄之不清擾之不濁不可量也已而果然太以是名聞天下後之好事或附益增張故多華辭不經又類卜相之書今錄其章章效於事者著之篇末章章猶昭昭也

左原者陳留人也爲郡學生犯法見斥林宗嘗遇諸路爲設酒肴以慰之謂曰昔顏涿聚梁甫之巨盜段干木晉國之大駔卒爲齊之忠臣魏之名賢呂氏春秋曰顏涿聚梁父大盜也學於孔子左傳曰晉伐齊戰于黎丘齊師敗績親禽顏庚杜預注曰黎丘隰也顏庚齊大夫顏涿聚也又曰晉荀瑤伐鄭請救於齊齊師將與陳成子屬孤子三日朝設乘車兩馬繫五邑焉召顏涿聚之子晉曰隰之役而父死焉以國之多難未汝恤也今君命汝是邑服車而朝無廢前勞呂氏春秋曰段干木晉國之駔說文曰駔會也謂合兩家之賣買如今之度市也新序曰魏文侯過段干木之閭而軾之遂致祿百萬而時往問之國人皆喜相與誦之曰吾君好正段干木之敬吾君好忠段干木之隆秦欲攻魏司馬唐諫曰段干木賢者也而魏禮之天下莫不聞無乃不可加兵乎秦君以爲然也駔音子朗反蘧瑗顏回尚不能無過況其餘乎論語曰蘧伯玉使人於孔子孔子問之曰夫子何爲對曰夫子欲寡其過而未能也又曰顏回好學不貳過愼勿恚恨責躬而

已原納其言而去或有譏林宗不絕惡人者對曰人而不仁疾之已甚亂也論語孔子之言也鄭玄注云不仁之人當以風化之若疾之甚是益使爲亂也原後忽更懷忿結客欲報諸生其日林宗在學原愧負前言因遂罷去後事露衆人咸謝服焉

茅容字季偉陳留人也年四十餘耕於野時與等輩避雨樹下衆皆夷踞相對夷平也說文曰踞蹲也容獨危坐愈恭林宗行見之而奇其異遂與共言因請寓宿旦日容殺雞爲饌林宗謂爲己設既而以供其母自以草蔬與客同飯草麤也林宗起拜之曰卿賢乎哉因勸令學卒以成德

孟敏字叔達鉅鹿楊氏人也十三州志曰楊氏縣在魏郡北地客居太原荷甑墮地不顧而去林宗見而問其意對曰甑已破矣視之何益林宗以此異之因勸令遊學十年知名三公俱辟並不屈云

庾乘字世遊潁川鄢陵人也少給事縣庭爲門士士卽門卒林宗見而拔

之勸遊學宮遂爲諸生傭後能講論自㠯卑第每處下坐諸生博士皆就讐問由是學中㠯下坐爲貴後徵辟並不起號曰徵君

宋果字仲乙（謝承書乙作文）扶風人也性輕悍憙與人報讐爲郡縣所疾林宗乃訓之義方懼㠯禍敗果感悔叩頭謝罪遂改節自勑後㠯烈氣聞辟公府侍御史并州刺史所在能治

賈淑字子厚林宗鄉人也雖世有冠冕而性險害邑里患之（謝承書曰淑爲舅宋瑗報仇於縣中爲吏所捕繫獄當死泰與語淑懇惻流涕泰詣縣令應操陳其報怨蹈義之士被赦縣不宥之郡上言乃得原）林宗遭母憂淑來修弔既而鉅鹿孫威直亦至威直㠯林宗賢而受惡人弔心怪之不進而去林宗追而謝之曰賈子厚誠實凶德然洗心向善仲尼不逆互鄉故吾許其進也（互鄉鄉名互鄉難與言童子見門人惑孔子曰人絜己以進與其進不保其往）淑聞之改過自厲終成善士鄉里有憂患者淑輒傾身營救爲州閭所稱

史叔賓者陳留人也少有盛名林宗見而告人曰牆高基下雖得

必失後果㠯論議阿枉敗名云

黃允字子艾濟陰人也㠯雋才知名林宗見而謂曰卿有絕人之才足成偉器然恐守道不篤將失之矣後司徒袁隗欲爲從女求姻見允而歎曰得壻如是足矣允聞而黜遣其妻夏侯氏婦謂姑曰今當見棄方與黃氏長辭乞一會親屬㠯展離決之情於是大集賓客三百餘人婦中坐攘袂數允隱匿穢惡十五事言畢登車而去允㠯此廢於時

謝甄字子微汝南召陵人也與陳留邊讓並善談論俱有盛名每共候林宗未嘗不連日達夜林宗謂門人曰二子英才有餘而並不入道惜乎甄後不拘細行爲時所毀讓㠯輕侮曹操操殺之

王柔字叔優弟澤字季道林宗同郡晉陽縣人也兄弟總角共候林宗㠯訪才行所宜林宗曰叔優當㠯仕進顯季道當㠯經術通

然違方改務，亦不能至也。後果如所言。柔爲護匈奴中郎將，澤爲代郡太守。又識張孝仲芻牧之中，知范特祖郵置之役，說文曰：「郵，境上傳書舍也。」廣雅曰：「郵，驛也。置亦驛也。」風俗通曰：「漢改郵爲置。置者，度其遠近之閒置之也。」召公子、許偉康並出屠沽，司馬子威拔自卒伍，及同郡郭長信、王長文、韓文布、李子政、曹子元、定襄周康子、西河王季然、雲中丘季智、郝禮真等六十人，並以成名。謝承書曰：「太原郭長信、王長文，長文弟子師，韓文布、李子政、曹子元、定襄周康子、西河王季然、雲中丘季智，名靈舉。子師位至司徒，季然北地太守，其餘多典州郡者。」

論曰：莊周有言，人情險於山川，以其動靜可識，而沈阻難徵。徵，明也。沈，深也。故深厚之性，詭於情貌；詭，違也。「則哲」之鑒，惟帝所難。帝謂堯也。書曰：「知人則哲，惟帝爲難。」而林宗雅俗無所失，將其明性特有主乎？然而遜言危行，終亨時晦，亨，通也。恂恂善導，使士慕成名，雖墨、孟之徒，不能絕也。墨翟、孟軻也。絕，過也。

符融字偉明，陳留浚儀人也。少爲都官吏，恥之，委去。續漢志曰：「都官從事主察舉百官犯法者。」融恥爲其吏而去。後遊太學，師事少府李膺。膺夙性高簡，每見融，輒絕它賓客聽其言論融幅巾奮褏談辭如雲（幅巾者以一幅爲之也褏古袖字如雲者奔踊而出也）膺每捧手歎息郭林宗始入京師時人莫識融一見嗟服因以介於李膺由是知名（古人相見必因紹介介因也言因此人以相接見也謝承書曰融見林宗便與之交又紹介於膺以爲海之明珠未耀其光鳥之鳳皇羽儀未翔膺與林宗相見待以師友之禮遂振名天下融之致也）時漢中晉文經梁國黃子艾並恃其才智炫曜上京臥託養疾無所通接洛中士大夫好事者承其聲名坐門問疾猶不得見（謝承書曰文經子艾耀名遠近聲價已定徵辟不就療病京師不通賓客公卿將相大夫遣門生旦暮問疾郎吏公府掾屬雜坐其門不得見也）三公所辟召者輒以詢訪之隨所臧否以爲與奪融察其非眞乃到太學并見李膺曰二子行業無聞以豪傑自置遂使公卿問疾王臣坐門融恐其小道破義空譽違實特宜察焉膺然之二人自是名論漸衰賓徒稍省旬日之閒慙歎逃去後果爲輕薄子並以罪廢棄融益以知名州郡禮請舉孝廉公府連辟皆不應太守馮岱有名稱到官請融相見融一往薦達郡士范冉韓卓孔伷等三人（伷音

冑謝承書曰馮岱字德山性慷慨有文武異才到官融往相見薦范冉爲功曹韓卓爲主簿孔伷爲上計吏袁山松書曰卓字子助臘日奴竊食祭其先卓義其心卽日免之因辭病自絕會有黨事亦遭禁錮妻亡貧無殯斂鄉人欲爲具棺服融不肯受曰古之亡者棄之中野易繫辭曰古之葬者厚衣以薪葬之中野唯妻子可以行志但卽土埋藏而已謝承書曰潁川張元祖志行士也來存融弔其妻亡知其如此謂言足下欲上古道非不淸妙且禮設棺椁制杖章孔子曰吾從周便推所乘羸車牛命融以給殯融受而不辭也融同郡田盛字仲嚮與郭林宗同好亦名知人優游不仕並以壽終

許劭字子將汝南平輿人也輿音預少峻名節好人倫多所賞識若樊子昭和陽士者並顯名於世魏志曰和洽字陽士汝南西平人也初舉孝廉大將軍辟不就魏國建爲侍中故天下言拔士者咸稱許郭初爲郡功曹太守徐璆甚敬之璆音求又巨秋反府中聞子將爲吏莫不改操飾行同郡袁紹公族豪俠去濮陽令歸車徒甚盛將入郡界乃謝遣賓客曰吾輿服豈可使許子將見遂以單車歸家劭常到潁川多長者之遊唯不候陳寔又陳蕃喪妻還葬

鄉人畢至而劭獨不往或問其故劭曰太丘道廣廣則難周仲舉性峻峻則少通故不造也其多所裁量若此曹操微時常卑辭厚禮求爲己目（命品藻爲題目）劭鄙其人而不肯對操乃伺隙脅劭劭不得巳曰君清平之姦賊亂世之英雄操大悅而去劭從祖敬敬子訓訓子相並爲三公相以能諂事宦官故自致台司封侯數遣請劭劭惡其薄行終不候之劭邑人李逵壯直有高氣劭初善之而後爲隙又與從兄靖不睦（蜀志曰許靖字文休少與從弟劭並知名並有人倫臧否之稱而私情不協劭爲郡功曹排擯靖不得齒敘以馬磨自給）時議以此少之初劭與靖俱有高名好共覈論鄉黨人物每月輒更其品題故汝南俗有月旦評焉司空楊彪辟舉方正敦樸徵皆不就或勸劭仕對曰方今小人道長王室將亂吾欲避地淮海以全老幼乃南到廣陵徐州刺史陶謙禮之甚厚劭不自安告其徒曰陶恭祖外慕聲名內非眞正待吾雖厚其埶必薄不如去之遂復

投揚州刺史劉繇於曲阿（繇字正禮）其後陶謙果捕諸寓士（寓寄也）及孫策平吴劭與繇南奔豫章而卒時年四十六兄虔亦知名汝南人稱平輿淵有二龍焉（平輿故城在今豫章汝陽縣東北有二龍鄉月旦里）

贊曰林宗懷寶識深甄藻（甄明也藻猶飾也）明發周流永言時道（明發發夕至明也呂氏春秋曰孔子周流天下）符融鑒真子將人倫守節好恥並亦逡巡（逡巡自退不仕也）

郭符許列傳第五十八

後漢書六十八

竇何列傳第五十九　　後漢書六十九

唐章懷太子賢注

竇武字游平扶風平陵人安豐戴侯融之玄孫也父奉定襄太守武少以經行著稱常教授於大澤中不交時事名顯關西延熹八年長女選入掖庭桓帝以爲貴人拜武郎中其冬貴人立爲皇后武遷越騎校尉封槐里侯五千戶明年冬拜城門校尉在位多辟名士清身疾惡禮賂不通妻子衣食裁充足而已是時羌蠻寇難歲儉民飢武得兩宮賞賜悉散與太學諸生及載肴糧於路匄施貧民兄子紹爲虎賁中郎將性疎簡奢侈武每數切厲相戒猶不覺悟乃上書求退紹位又自責不能訓導當先受罪由是紹更遵節大小莫敢違犯時國政多失內官專寵李膺杜密等爲黨事考逮永康元年上疏諫曰臣聞明主不諱譏刺之言以探幽暗之實

忠臣不恤諫爭之患，以暢萬端之事。是以君臣並熙，名奮百世。（熙，盛也。）臣幸得遭盛明之世，逢文武之化，豈敢懷祿逃罪，不竭其誠！陛下初從藩國，爰登聖祚，天下逸豫，謂當中興。自卽位以來，未聞善政。梁、孫、寇、鄧雖或誅滅，（梁冀、孫壽、寇榮、鄧萬代，見桓紀也。）而常侍黃門續爲禍虐，欺罔陛下，競行譎詐，自造制度，妄爵非人，朝政日衰，姦臣日彊。伏尋西京放恣王氏，佞臣執政，終喪天下。今不慮前事之失，復循覆車之軌，臣恐二世之難，必將復及，（二世卽胡亥。）趙高之變，不朝則夕。（趙高使女壻閻樂弒胡亥於望夷宮。）近者姦臣牢修造設黨議，遂收前司隸校尉李膺、太僕杜密、御史中丞陳翔、太尉掾范滂等逮考，連及數百人，曠年拘錄，事無效驗。臣惟膺等建忠抗節，志經王室，此誠陛下稷、卨、伊、呂之佐，而虛爲姦臣賊子之所誣枉，天下寒心，海內失望。惟陛下留神澄省，時見理出，（時謂卽時也。）以厭人鬼喁喁之心。臣聞古之明君，必須賢佐，以成政道今臺閣近臣尚書令陳蕃僕射胡廣尚書朱寓荀緄（音古本反）劉祐魏朗劉矩尹勳等皆國之貞士朝之良佐尚書郎張陵嬀皓苑康楊喬邊韶戴恢等文質彬彬明達國典內外之職羣才並列而陛下委任近習專樹饕餮外典州郡內幹心膂宜以次貶黜案罪糾罰抑奪宦官欺國之封案其無狀誣罔之罪信任忠良平決臧否使邪正毀譽各得其所寶愛天官惟善是授如此咎徵可消天應可待間者有嘉禾芝草黃龍之見夫瑞生必於嘉士（嘉士猶善人也）福至則由善人在德爲瑞無德爲災陛下所行不合天意不宜稱慶書奏因以病上還城門校尉槐里侯印綬（上音時丈反）帝不許有詔原李膺杜密等自黃門北寺若盧都內諸獄繫囚罪輕者皆出之（都內主藏官名前書有都內令丞屬大司農也）其冬帝崩無嗣武召侍御史河間劉儵參問其國中王子侯之賢者儵稱解瀆亭侯宏武入白太后遂徵立之是爲靈帝拜武

爲大將軍常居禁中帝既立論定策功更封武爲聞喜侯子機渭陽侯拜侍中兄子紹鄠侯遷步兵校尉紹弟靖西鄉侯爲侍中監羽林左騎武既輔朝政常有誅翦宦官之意太傅陳蕃亦素有謀時共會朝堂蕃以私謂武曰中常侍曹節王甫等自先帝時操弄國權濁亂海內百姓匈匈歸咎於此今不誅節等後必難圖武深然之蕃大喜以手推席而起武於是引同志尹勳爲尚書令劉瑜爲侍中馮述爲屯騎校尉又徵天下名士廢黜者前司隸李膺宗正劉猛太僕杜密廬江太守朱寓等列於朝廷請前越巂太守荀昱爲從事中郎辟潁川陳寔爲屬共定計策於是天下雄俊知其風旨莫不延頸企踵思奮其智力續漢志曰桓帝初京都童謠曰游平賣印自有評不避賢豪及大姓案武字游平與陳蕃合策戮力唯德是建咸得其人賢豪大姓皆絕望矣會五月日食蕃復說武曰昔蕭望之困一石顯元帝時奄人石顯爲中書令譖御史大夫蕭望之令自殺也近者李杜諸公禍及妻子況今石顯數十輩乎

蕃㠯八十之年欲爲將軍除害今可且因日食斥罷宦官㠯塞天變又趙夫人及女尚書旦夕亂太后（女尚書內官也夫人卽趙嬈）急宜退絕惟將軍慮焉武乃白太后曰故事黃門常侍但當給事省內典門戶主近署財物耳今乃使與政事而任權重子弟布列專爲貪暴天下匈匈正㠯此故宜悉誅廢㠯清朝廷太后曰漢來故事世有但當誅其有罪豈可盡廢邪時中常侍管霸頗有才略專制省內武先白誅霸及中常侍蘇康等竟死武復數白誅曹節等太后冘豫未忍（冘音淫冘豫不定也）故事久不發至八月太白出西方劉瑜素善天官惡之上書皇太后曰太白犯房左驂上將星入太微其占宮門當閉將相不利姦人在主傍願急防之又與武蕃書㠯星辰錯繆不利大臣宜速斷大計武蕃得書將發於是㠯朱寓爲司隸校尉劉祐爲河南尹虞祁爲洛陽令武乃奏免黃門令魏彪㠯所親小黃門山冰

代之使冰奏素狡猾尤無狀者長樂尚書鄭颯（音立）送北寺獄蕃謂武曰此曹子便當收殺何復考爲武不從令冰與尹勳侍御史祝瑨雜考颯辭連及曹節王甫勳冰即奏收節等使劉瑜內奏時武出宿歸府典中書者先以告長樂五官史朱瑀瑀盜發武奏罵曰中官放縱者自可誅耳吾曹何罪而當盡見族滅因大呼曰陳蕃竇武奏白太后廢帝爲大逆乃夜召素所親壯健者長樂從官史共普張亮等十七八人唶血共盟誅武等曹節聞之驚起白帝曰外閒切切請出御德陽前殿令帝拔劒踊躍使乳母趙嬈等擁衞左右取棨信閉諸禁門（棨有衣戟也漢官儀曰凡居宮中皆施籍於掖門案姓名當入者本官爲封棨傳審印信然後受之）召尚書官屬脅以白刃使作詔板拜王甫爲黃門令持節至北寺獄收尹勳山冰冰疑不受詔甫格殺之遂害勳出鄭颯還共劫太后奪璽書令中謁者守南宮閉門絕複道（複音福）使鄭颯等持節及侍御史謁者

捕收武等武不受詔馳入步兵營與紹共射殺使者召會北軍五校士數千人屯都亭下令軍士曰黃門常侍反盡力者封侯重賞詔以少府周靖行車騎將軍加節與護匈奴中郎將張奐率五營士討武夜漏盡王甫將虎賁羽林廄騶都候劍戟士合千餘人出屯朱雀掖門與奐等合明旦悉軍闕下與武對陳甫兵漸盛使其士大呼武軍曰竇武反汝皆禁兵當宿衛宮省何故隨反者乎先降有賞營府素畏服中官於是武軍稍稍歸甫自旦至食時兵降略盡武紹走諸軍追圍之皆自殺梟首洛陽都亭續漢志曰桓帝末京師童謠曰茅田一頃中有井四方纖纖不可整嚼復嚼今年尚可後年磽案易曰拔茅連茹茅喻羣賢也井者法也時中常侍管霸等憎疾海內英賢並見廢錮茅田一頃言羣賢眾多也中有井者言雖厄窮不失法度也四方纖纖言姦慝不可理也嚼飲酒相強之辭也言不恤王政徒耽宴而已今年尚可者言但禁錮也後年磽者陳蕃竇武等誅天下大壞也磽音苦敎反磽猶惡也收捕宗親賓客姻屬悉誅之及劉瑜馮述皆夷其族徙武家屬日南遷太后於雲臺當是時凶豎得志士大夫皆喪其氣矣武府掾桂陽胡

騰少師事武，獨殯斂行喪，坐以禁錮。武孫輔，時年二歲，逃竄得全。事覺，節等捕之急。胡騰及令史南陽張敞共逃輔於零陵界，詐云已死，騰以爲己子，而使聘娶焉。後舉桂陽孝廉。至建安中，荆州牧劉表聞而辟焉，以爲從事，使還竇姓，以事列上。會表卒，曹操定荆州，輔與宗人徙居於鄴，辟丞相府，從征馬超，爲流矢所中死。飛矢曰流矢，中傷也。

初，武母產武而并產一蛇，送之林中。後母卒，及葬未窆，有大蛇自榛草而出，廣雅曰：木叢生曰榛。徑至喪所，以頭擊柩，涕血皆流，俯仰蛣屈，蛣音丘吉反。若哀泣之容，有頃而去。時人知爲竇氏之祥。祥，吉凶之先見者。尚書曰：亳有祥。

騰字子升。初，桓帝巡狩南陽，以騰爲護駕從事。公卿貴戚車騎萬計，徵求費役，不可勝極。騰上言：「天子無外，乘輿所幸，即爲京師。臣請以荆州刺史比司隸校尉，南陽屬荆州，故請以刺史比司隸。臣自同都官從事。」帝從之。漢官儀曰：都官從事主洛陽百官朝會，與三府掾同也。自是肅然，莫敢妄有干欲，騰以此顯名。黨錮解

官至尚書張敞者太尉溫之弟也漢官儀曰溫字伯慎穰人也封亥鄉侯太史奏言有大臣誅死董卓取溫笞殺於市而厭之

何進字遂高南陽宛人也異母女弟選入掖庭爲貴人有寵於靈帝拜進郎中再遷虎賁中郎將出爲潁川太守光和三年貴人立爲皇后徵進入拜侍中將作大匠河南尹中平元年黃巾賊張角等起以進爲大將軍率左右羽林五營士屯都亭修理器械以鎮京師張角別黨馬元義謀起洛陽進發其姦以功封慎侯慎縣屬汝南郡也四年滎陽賊數千人羣起攻燒郡縣殺中牟縣令詔使進弟河南尹苗出擊之苗攻破羣賊平定而還詔遣使者迎於成皐拜苗爲車騎將軍封濟陽侯五年天下滋亂望氣者以爲京師當有大兵兩宮流血大將軍司馬許涼假司馬伍宕說進曰太公六韜有天子將兵事太公六韜篇第一霸典文論第二文師武論第三龍韜主將第四虎韜偏裨第五豹韜校尉第六犬韜司馬龍韜云武王曰吾欲令三軍之衆親其將如父母聞金聲而怒聞鼓音而喜爲之柰何可以威厭四方進以爲然入言之於帝於是乃詔進大發

四方兵講武於平樂觀下起大壇上建十二重五采華蓋高十丈壇東北爲小壇復建九重華蓋高九丈列步兵騎士數萬人結營爲陳天子親出臨軍駐大華蓋下進駐小華蓋下禮畢帝躬擐甲介馬擐音宦擐貫也介亦甲也稱無上將軍行陳三匝而還詔使進悉領兵屯於觀下是時置西園八校尉以小黃門蹇碩爲上軍校尉虎賁中郎將袁紹爲中軍校尉屯騎都尉鮑鴻爲下軍校尉議郎曹操爲典軍校尉趙融爲助軍校尉淳于瓊爲佐軍校尉又有左右校尉帝以蹇碩壯健而有武略特親任之以爲元帥督司隸校尉以下雖大將軍亦領屬焉碩雖擅兵於中而猶畏忌於進乃與諸常侍共說帝遣進西擊邊章韓遂帝從之賜兵車百乘虎賁斧鉞進陰知其謀乃上遣袁紹東擊徐兗二州兵須紹還即戎事以稽行期初何皇后生皇子辯王貴人生皇子協羣臣請立太子帝以辯輕佻無

威儀不可爲人主（前書曰佻輕也）然皇后有寵且進又居重權故久不決六年帝疾篤屬協於蹇碩碩既受遺詔且素輕忌於進兄弟及帝崩碩時在內欲先誅進而立協及進從外入碩司馬潘隱與進早舊迎而目之進驚馳從儳道歸營引兵入屯百郡邸（廣雅曰儳疾也音任覽反）因稱疾不入碩謀不行皇子辯乃即位何太后臨朝進與太傅袁隗輔政錄尚書事進素知中官天下所疾兼忿蹇碩圖己及秉朝政陰規誅之袁紹亦素有謀因進親客張津勸之曰黃門常侍權重日久又與長樂太后專通姦利（靈帝母董太后居長樂宮）將軍宜更清選賢良整齊天下爲國家除患進然其言又以袁氏累世寵貴海內所歸（袁安爲司徒司空孫湯爲司徒太尉湯子成五官中郎將成生紹故云累代寵貴也）而紹素善養士能得豪傑用其從弟虎賁中郎將術亦尚氣俠故並厚待之因復博徵智謀之士龐紀何顒荀攸等與同腹心蹇碩疑不自安與中常侍趙忠等書曰大將軍

兄弟秉國專朝今與天下黨人謀誅先帝左右埽滅我曹但以碩典禁兵故且沈吟今宜共閉上閤急捕誅之中常侍郭勝進同郡人也太后及進之貴幸勝有力焉故勝親信何氏遂共趙忠等議不從碩計而以其書示進進乃使黃門令收碩誅之因領其屯兵袁紹復說進曰前竇武欲誅內寵而反爲所害者以其言語漏泄而五營百官服畏中人故也今將軍既有元舅之重而兄弟並領勁兵部曲將吏皆英俊名士樂盡力命事在掌握此天贊之時也將軍宜一爲天下除患名垂後世雖周之申伯何足道哉[申伯周申后之父也詩大雅曰唯申及甫唯周之翰]今大行在前殿[人主崩未有謚故稱大行也前書音義曰大行者不反之辭也]將軍宜受詔領禁兵不宜輕出入宮省進甚然之乃稱疾不入陪喪又不送山陵遂與紹定籌策而以其計白太后太后不聽曰中官統領禁省自古及今漢家故事不可廢也且先帝新棄天下我奈何楚楚與士人

共對事乎楚詞曰楚楚鮮明貌也詩曰衣裳楚楚進難違太后意且欲誅其放縱者紹以爲中官親近至尊出入號令今不悉廢後必爲患而太后母舞陽君及苗數受諸宦官賂遺知進欲誅之數白太后爲其障蔽又言大將軍專殺左右擅權以弱社稷太后疑以爲然中官在省闥者或數十年封侯貴寵膠固內外進新當重任素敬憚之雖外收大名而內不能斷故事久不決紹等又爲畫策多召四方猛將及諸豪傑使並引兵向京城以脅太后進然之主簿陳琳入諫曰易稱即鹿無虞易屯卦六三爻辭也虞掌山澤之官即鹿猶從禽也無虞言不可得諺有掩目捕雀夫微物尚不可欺以得志況國之大事其可以詐立乎今將軍總皇威握兵要龍驤虎步高下在心此猶鼓洪爐燎毛髮耳夫違經合道天人所順而反委釋利器更徵外助大兵聚會彊者爲雄所謂倒持干戈授人以柄前書梅福上書曰倒持太阿授楚以柄功必不成祇爲亂階進不聽遂西召前將軍董

卓屯關中上林苑又使府掾太山王匡東發其郡强弩幷召東郡太守橋瑁屯城皐使武猛都尉丁原燒孟津火照城中武猛謂有武埶而勇猛者取其嘉名因以名官也皆以誅宦官爲言太后猶不從苗謂進曰始共從南陽來俱以貧賤依省內以致貴富國家之事亦何容易覆水不收宜深思之且與省內和也進意更狐疑紹懼進變計乃脅之曰交搆已成形埶已露事留變生將軍復欲何待而不早決之乎進於是以紹爲司隸校尉假節專命擊斷從事中郎王允爲河南尹紹使洛陽方略武吏司察宦者而促董卓等使馳驛上欲進兵平樂觀太后乃恐悉罷中常侍小黃門使還里舍惟留進素所私人以守省中諸常侍小黃門皆詣進謝罪惟所措置進謂曰天下匈匈正患諸君耳今董卓垂至諸君何不早各就國袁紹勸進便於此決之至於再三進不許紹又爲書告州郡詐宣進意使捕案中官親屬

進謀積日頗泄中官懼而思變張讓子婦太后之妹也讓向子婦叩頭曰老臣得罪當與新婦俱歸私門惟受恩累世（惟思念也）今當遠離宮殿情懷戀戀願復一入直得暫奉望太后陛下顏色然後退就溝壑死不恨矣子婦言於舞陽君入白太后乃詔諸常侍皆復入直八月進入長樂白太后請盡誅諸常侍已下選三署郎入守宦官廬諸宦官相謂曰大將軍稱疾不臨喪不送葬今欻入省（欻音許物反）此意何爲竇氏事竟復起邪又張讓等使人潛聽具聞其語乃率常侍段珪畢嵐等數十人持兵竊自側闥入伏省中及進出因詐以太后詔召進入坐省閤讓等詰進曰天下憒憒亦非獨我曹罪也（說文曰憒亂也）先帝嘗與太后不快幾至成敗（陳留王協母王美人何后鴆殺之帝怒欲廢后宦官固請得止）我曹涕泣救解各出家財千萬爲禮和悅上意但欲託卿門戶耳今乃欲滅我曹種族不亦太甚乎卿言省內穢濁公卿已下忠清者

爲誰於是尚方監渠穆拔劍斬進於嘉德殿前讓珪等爲詔㠯故太尉樊陵爲司隸校尉少府許相爲河南尹尚書得詔板疑之曰請大將軍出共議中黃門㠯進頭擲與尚書曰何進謀反已伏誅矣進部曲將吳匡張璋素所親幸在外聞進被害欲將兵入宮宮閤閉袁術與匡共斫攻之中黃門持兵守閤會日暮術因燒南宮九龍門及東西宮欲㠯脅出讓等讓等入白太后言大將軍兵反燒宮攻尚書闥因將太后天子及陳留王又劫省內官屬從複道走北宮複音福尚書盧植執戈於閤道窗下仰數段珪段珪等懼乃釋太后太后投閣得免袁紹與叔父隗矯詔召樊陵許相斬之苗紹乃引兵屯朱雀闕下捕得趙忠等斬之吳匡等素怨苗不與進同心而又疑其與宦官同謀乃令軍中曰殺大將軍者卽車騎也士吏能爲報讎乎進素有仁恩士卒皆流涕曰願致死匡遂引兵與

董卓弟奉車都尉旻攻殺苗棄其屍於苑中紹遂閉北宮門勒兵捕宦者無少長皆殺之或有無須而誤死者至自發露然後得免者二千餘人紹因進兵排宮或上端門屋以攻省內張讓段珪等困迫遂將帝與陳留王數十人步出穀門奔小平津（穀門洛城北當中門也）公卿並出平樂觀無得從者唯尚書盧植夜馳河上王允遣河南中部掾閔貢隨植後貢至手劒斬數人餘皆投河而死明日公卿百官乃奉迎天子還宮以貢爲郎中封都亭侯董卓遂廢帝又迫殺太后殺舞陽君何氏遂亡而漢室亦自此敗亂

論曰竇武何進藉元舅之資據輔政之權內倚太后臨朝之威外迎羣英乘風之埶卒而事敗閹豎身死功頹爲世所悲豈智不足而權有餘乎（言智非不足權亦有餘蓋天敗也）傳曰天之廢商久矣君將興之斯宋襄公所以敗於泓也（左傳曰楚伐宋宋公將戰子魚諫曰天之廢商久矣公將興之不可宋公不從遂與楚戰大敗於泓也）

贊曰武生蛇祥進自屠羊進本屠家子也惟女惟弟來儀紫房上惛下嬖人釁動怨將糾邪慝㠯合人願道之屈矣代離凶困代更也

竇何列傳第五十九

後漢書六十九

鄭孔荀列傳第六十　後漢書七十

唐章懷太子賢注

鄭太字公業河南開封人司農衆之曾孫也開封縣故城在今汴州南少有才略靈帝末知天下將亂陰交結豪桀家富於財有田四百頃而食常不足名聞山東初舉孝廉三府辟公車徵皆不就及大將軍何進輔政徵用名士以公業爲尚書侍郎續漢志曰尚書凡六曹侍郎三十六人四百石一曹有六人主作文書起草遷侍御史進將誅閹官欲召并州牧董卓爲助公業謂進曰董卓彊忍寡義志欲無厭若借之朝政授以大事借音子夜反將恣凶欲必危朝廷明公以親德之重據阿衡之權秉意獨斷誅除有罪誠不宜假卓以爲資援也且事留變生殷鑒不遠又爲陳時務之所急數事進不能用乃棄官去謂潁川人荀攸曰何公未易輔也進尋見害卓果作亂公業等與侍中伍瓊卓長史何顒共說卓以袁紹爲勃

海太守以發山東之謀及義兵起卓乃會公卿議大發卒討之羣僚莫敢忤旨公業恐其衆多益橫凶彊難制獨曰夫政在德不在衆也卓不悅曰如卿此言兵爲無用邪公業懼乃詭辭更對曰詭猶詐也非謂無用以爲山東不足加大兵耳如有不信試爲明公略陳其要今山東合謀州郡連結人庶相動非不彊盛然光武以來中國無警百姓優逸忘戰日久仲尼有言不教人戰是謂棄之其衆雖多不能爲害一也明公出自西州少爲國將閑習軍事數踐戰場名振當世人懷懾服二也袁本初公卿子弟生處京師張孟卓東平長者孟卓名邈坐不闚堂言不妄視也孔公緒孔伷清談高論噓枯吹生枯者噓之使生生者吹之使枯言談論有所抑揚也並無軍旅之才執銳之幹臨鋒決敵非公之儔三也山東之士素乏精悍悍勇也未有孟賁之勇慶忌之捷說苑曰孟賁水行不避蛟龍陸行不避虎狼發怒吐氣聲響動天許慎注淮南子曰孟賁衞人也呂氏春秋曰孟賁過河先於其伍船人怒以楫虓其頭不知其孟賁故也中河孟賁瞋目視船人髮植目裂舟中人盡播入河慶忌吳王僚子也射之

矢滿把不能中馳馬追之不能及聊城之守史記燕將攻下聊城因保守之齊將田單攻之歲餘不下良平之謀可任㠯偏師責㠯成功四也就有其人而尊卑無序王爵不加若恃眾怙力怙亦恃也將各基峙峙止也㠯觀成敗不肯同心共膽與齊進退五也關西諸郡頗習兵事自頃㠯來數與羌戰婦女猶戴戟操矛挾弓負矢挾持也況其壯勇之士㠯當妄戰之人乎其勝可必六也且天下強勇百姓所畏者有并涼之人及匈奴屠各湟中義從西羌八種義從八種並見西羌傳而明公擁之㠯為爪牙譬驅虎兕㠯赴犬羊七也又明公將帥皆中表腹心周旋日久恩信淳著忠誠可任智謀可恃㠯膠固之眾膠亦固也當解合之埶猶㠯烈風埽彼枯葉八也夫戰有三亡㠯亂攻理者亡㠯邪攻正者亡㠯逆攻順者亡今明公秉國平正討滅宦豎忠義克立㠯此三德待彼三亡奉辭伐罪誰敢禦之九也東州鄭玄學該古今玄北海人故云東州北海邴原清高直亮魏志原字根矩北海朱虛人也與管寧俱以操尚稱

皆儒生所仰羣士楷式彼諸將若詢其計畫足知强弱且燕趙齊梁非不盛也終滅於秦吳楚七國非不衆也卒敗滎陽前書吳王濞楚王戊趙王遂淄川王賢濟南王辟光膠西王卬膠東王雄渠景帝二年反大將軍條侯周亞夫將兵破之滎陽況今德政赫赫股肱惟良彼豈讚成其謀造亂長寇哉其不然十也若其所陳少有可採無事徵兵以驚天下使患役之民相聚爲非棄德恃衆自虧威重卓乃悅以公業爲將軍使統諸軍討擊關東或說卓曰鄭公業智略過人而結謀外寇今資之士馬就其黨與竊爲明公懼之卓乃收還其兵留拜議郎卓既遷都長安天下飢亂士大夫多不得其命而公業家有餘資日引賓客高會倡樂所贍救者甚衆乃與何顒荀攸共謀殺卓事泄顒等被執公業脫身自武關走東歸袁術術上以爲揚州刺史未至官道卒時年四十二

孔融字文舉魯國人孔子二十世孫也七世祖霸爲元帝師位至

侍中（前書霸字次孺元帝師解見孔昱傳）父宙太山都尉融幼有異才（融家傳曰兄弟七人融第六幼有自然之性年四歲時每與諸兄共食梨融輒引小者大人問其故答曰我小兒法當取小者由是宗族奇之）年十歲隨父詣京師時河南尹李膺（膺潁川襄城人融家傳曰聞漢中李公清節直亮意慕之遂造公門李固漢中人爲太尉與此傳不同也）以簡重自居不妄接士賓客敕外自非當世名人及與通家皆不得白融欲觀其人故造膺門語門者曰我是李君通家子弟門者言之膺請融問曰高明祖父嘗與僕有恩舊乎融曰然先君孔子與君先人李老君同德比義而相師友（家語曰孔子謂南宮敬叔曰吾聞老聃博古而達今通禮樂之源明道德之歸即吾之師也今將往矣遂至周問禮於老聃焉）則融與君累世通家衆坐莫不歎息太中大夫陳煒後至（煒音于匭反）坐中以告煒煒曰夫人小而聰了大未必奇融應聲曰觀君所言將不早惠乎膺大笑曰高明必爲偉器年十三喪父哀悴過毀扶而後起州里歸其孝性好學博涉多該覽山陽張儉爲中常侍侯覽所怨覽爲刊章下州郡以名捕儉（刊削也謂削去告人姓名）儉與融兄褒有舊亡抵於褒不

遇抵歸也融家傳褒字文禮也時融年十六儉少之而不告融見其有窘色窘迫也謂曰
兄雖在外吾獨不能爲君主邪因留舍之舍止也後事泄國相以下密
就掩捕儉得脫走遂幷收褒融送獄二人未知所坐融曰保納舍
藏者融也當坐之褒曰彼來求我非弟之過請甘其罪吏問其母
母曰家事任長妾當其辜一門爭死郡縣疑不能決乃上讞之前書
音義曰讞請也音宜傑反詔書竟坐褒焉融由是顯名與平原陶丘洪陳留邊讓齊
聲稱州郡禮命皆不就辟司徒楊賜府時隱覈官僚之貪濁者將
加貶黜融多舉中官親族尚書畏迫內寵召掾屬詰責之融陳對
罪惡言無阿撓撓曲也音乃孝反河南尹何進當遷爲大將軍楊賜遣融奉
謁賀進不時通融即奪謁還府投劾而去河南官屬恥之私遣劒
客欲追殺融客有言於進曰孔文舉有重名融家傳曰客言於進曰孔文舉於時英雄特傑譬諸物類猶衆
星之有北辰百穀之有黍稷天下莫不屬目也將軍若造怨此人則四方之士引領而去矣不如

因而禮之可㠯示廣於天下進然之既拜而辟融舉高第爲侍御史與中丞趙舍不同託病歸家後辟司空掾拜中軍候在職三日遷虎賁中郎將會董卓廢立融每因對答輒有匡正之言㠯忤卓旨轉爲議郎時黃巾寇數州而北海最爲賊衝卓乃諷三府同舉融爲北海相融到郡收合士民起兵講武馳檄飛翰引謀州郡賊張饒等羣輩二十萬衆從冀州還融逆擊爲饒所敗乃收散兵保朱虛縣稍復鳩集吏民爲黃巾所誤者男女四萬餘人更置城邑立學校表顯儒術薦舉賢良鄭玄彭璆邴原等璆音巨秋反又音求郡人甄子然臨孝存知名早卒融恨不及之乃命配食縣社其餘雖一介之善莫不加禮焉郡人無後及四方游士有死亡者皆爲棺具而斂葬之時黃巾復來侵暴融乃出屯都昌都昌縣屬北海郡故城在今青州臨朐縣東北爲賊管亥所圍融逼急乃遣東萊太史慈求救於平原相劉備吳志慈字子義東萊人也避事之遼

東北海相孔融聞而奇之數遣人訊問其母并致餉遺時融爲管亥所圍慈從遼東還母謂之曰汝與孔北海未嘗相見至汝行後贍恤殷勤過於故舊今爲賊所圍汝宜赴之慈單步見融旣而求救於劉備得兵以解圍焉 備驚曰孔北海乃復知天下有劉備邪即遣兵三千救之賊乃散走時袁曹方盛而融無所協附左丞祖者稱有意謀勸融有所結納融知紹操終圖漢室不欲與同故怒而殺之融負其高氣志在靖難而才疏意廣迄無成功迄竟也在郡六年劉備表領青州刺史建安元年爲袁譚所攻由春至夏戰士所餘裁數百人流矢雨集戈矛內接融隱几讀書隱憑也莊子曰南郭子綦隱几而坐談笑自若城夜陷乃奔東山妻子爲譚所虜及獻帝都許徵融爲將作大匠遷少府每朝會訪對融輒引正定議公卿大夫皆隸名而已說文云隸附著初太傅馬日磾奉使山東及至淮南數有意於袁術術輕侮之遂奪取其節求去又不聽因欲逼爲軍帥日磾深自恨遂嘔血而斃三輔決錄曰日磾字翁叔馬融之族子少傳融業以才學進與楊彪盧植蔡邕等典校中書歷位九卿遂登台輔獻帝春秋曰術從日磾借節觀之因奪不還條軍中十餘人使促辟之日磾謂術曰卿先代諸公辟士

云何而言促之謂公府掾可劫得乎從術求去而術不遣既以失節屈辱憂恚而死 及喪還朝廷議欲加禮融乃獨議曰

日磾以上公之尊秉髦節之使銜命直指（直指無屈撓也前書有繡衣直指）寵輯東夏（輯和也）而曲媚姦臣爲所牽率章表署用輒使首名（所上章表及署補用皆以日磾名爲首）附下罔上（前書曰附下罔上者刑）姦以事君（左傳叔向曰姦以事君者吾所能禦）昔國佐當晉軍而不撓（公羊傳曰鞌之戰齊師大敗齊侯使國佐如師郤克曰與我紀侯之甗及魯衛之侵地使耕者東西其畝以蕭同叔子爲質則吾舍子國佐曰與我紀侯之甗請諾反魯衛之侵請諾使耕者東西其畝是則土齊也蕭同叔子者齊君母也齊君母猶晉君之母也曰不可請戰一戰而不勝再戰再戰而不勝請三戰三戰而不勝則齊國盡子之有也何必蕭同叔子爲質揖而去之）宜僚臨白刃而正色（楚白公勝欲爲亂謂石乞曰王卿士皆以五百人當之則可乞曰不可得也曰市南有熊相宜僚者若得之可以當五百人矣乃從白公而見之與言悅告之故辭承之以劒不動事見左傳）王室大臣豈得以見脅爲辭又袁術僭逆非一朝一夕日磾隨從周旋歷歲漢律與罪人交關三日已上皆應知情春秋魯叔孫得臣卒以不發揚襄仲之罪貶不書日（公羊傳曰叔孫得臣卒何休注曰不日者知公子遂欲殺君而爲人臣知賊而不言明當誅也公子遂卽襄仲也）鄭人討幽公之亂斲子家之棺（左傳鄭子家卒鄭人討幽公之亂斲子家之棺而逐其族杜預注曰斲薄其棺不使從卿禮爲其殺君故也）聖上哀矜舊臣未忍追案不宜加禮朝

後漢七十

廷從之時論者多欲復肉刑融乃建議曰古者敦厖善否不別左傳楚申叔時曰人生敦厖杜預注厖厚大也吏端刑清端直也政無過失百姓有罪皆自取之末世陵遲風化壞亂政撓其俗法害其人故曰上失其道民散久矣而欲繩之以古刑投之以殘棄殘其支體而棄廢之非所謂與時消息者也易曰天地盈虛與時消息紂斮朝涉之脛天下謂為無道尚書曰紂斮朝涉之脛孔安國注曰冬日見朝涉水者謂其脛耐寒斮而視之夫九牧之地千八百君前書賈山曰昔者周蓋千八百國以九州之人養千八百君也若各刖一人是下常有千八百紂也求俗休和弗可得已且被刑之人慮不念生志在思死類多趨惡莫復歸正夙沙亂齊左傳曰靈公廢太子光立公子牙使高厚傅牙夙沙衛為少傅崔杼逆光而立之是為莊公莊公以夙沙衛易己衛奔高唐以叛伊戾禍宋左傳楚客聘于晉過宋太子痤知之請野享之公使往伊戾請從之至則欲用牲加書徵之馳而告曰太子將為亂既與楚客盟矣公使視之則信有焉公因太子太子縊死公徐聞其無罪乃亨伊戾趙高英布為世大患史記胡亥謂李斯曰高故宮人也遂專信任之後殺李斯劫殺胡亥卒亡秦也前書英布坐法黥論輸驪山亡之江中為羣盜及屬項羽常為先鋒陷陣後歸漢為九江王謀反誅之不能止人遂為非也適足絕人還為善耳雖忠如鬻權左傳初鬻權強諫楚子弗從臨之以兵懼而從之拳曰吾懼君以兵罪莫大焉遂自刖楚人以為大

闞君子曰鸞拳可謂愛君矣諫以自納於刑刑猶不忘納君於善**信如卞和**韓子曰楚人和氏得璞玉於楚山之中獻之武王武王使玉人相之曰石也王以和爲謾己刖其左足及文王即位和又奉其璞玉人又曰石也又刖其右足文王薨成王即位和乃抱其璞而哭於楚山之下三日三夜泣盡而繼以血王使玉人攻璞而得寶焉琴操曰荆王封和爲陵陽侯和辭不就而去乃作怨歌曰進寶得刑足離分兮去封立信守休芸兮斷者不續豈不冤兮**智如孫臏**史記孫臏與龐涓學兵法涓事魏惠王爲將軍自以能不及臏陰使召臏斷其兩足而黥之臏後入齊威王問兵法以爲師魏與趙攻韓齊使田忌將而往龐涓聞去韓而歸臏謂田忌曰三晉之兵素悍勇而輕齊軍半至使齊軍入魏地爲十萬竈明日爲五萬竈明日爲二萬竈龐涓行三日大喜曰我固知齊卒怯入吾地三日士卒亡者過半矣乃棄其步兵與其輕銳倍日并行逐之孫子度其行暮當至馬陵馬陵道狹旁多險阻可伏兵乃斫大樹白而書之曰龐涓死於此木下於是令齊軍曰善射者萬弩夾道而伏期日暮見火舉而俱發涓夜至斫木下見白書乃攢火燭之讀書未畢齊軍萬弩俱發魏軍大亂相失龐涓自知智窮兵敗遂自剄曰遂成豎子之名矣**冤如巷伯**毛萇注詩云巷伯內小臣也掌王后之命於宮中故謂之巷伯伯被讒將刑寺人孟子傷而作詩以刺幽王也**才如史遷**李陵爲匈奴敗馬遷明陵當必立功以報漢遂被下蠶室宮刑後乃著史記**達如子政**劉向字子政宣帝時上言黃金可成上令典尚方鑄作事費甚多方不驗乃下吏當死上奇其才得踰冬減論班固云向博物洽聞通達古今**一離刀鋸沒世不齒**國語中刑用刀鋸也**是太甲之思庸**尚書太甲既立不明伊尹放諸桐三年復歸于亳思庸孔注曰念常道也**穆公之霸秦**秦穆使孟明白乙等伐鄭蹇叔諫不從晉襄公敗諸崤囚孟明等後歸之穆公曰孤之罪也夫子何罪復使爲政遂霸西戎事見左傳**南睢之骨立衞武之初筵**韓詩曰賓之初筵衞武公飲酒悔過也言賓客初就筵之時賓主秩秩然俱謹敬也賓既醉止載號載呶不知其爲惡也**陳湯之都賴**前書湯字子公遷西域副校尉矯制發諸國兵斬郅支單于於都賴水上**魏尚之**

守邊（文帝時尚爲雲中守坐上首虜差六級下吏削爵趙人馮唐爲郎爲言文帝赦尚復爲雲中守也）無所復施也漢開改惡之路凡爲此也故明德之君遠度深惟棄短就長不苟革其政者也朝廷善之卒不改焉是時荆州牧劉表不供職貢多行僭僞遂乃郊祀天地擬斥乘輿（斥指也）詔書班下其事融上疏曰竊聞領荆州牧劉表桀逆放恣所爲不軌至乃郊祭天地擬儀社稷雖昏僭惡極罪不容誅至於國體宜且諱之（體謂國家之大體也）何者萬乘至重天王至尊身爲聖躬國爲神器（老子曰天下神器器不可爲也）陛級縣遠祿位限絶（賈誼曰人主之尊譬如堂羣臣如陛衆庶如地故陛乃九級上廉遠地則堂高也）猶天之不可階日月之不可踰也（論語曰夫子之不可及也猶天之不可階而升也又曰仲尼如日月無得而踰焉）每有一豎臣輒云圖之若形之四方非所以杜塞邪萌（形見也）愚謂雖有重戾必宜隱忍賈誼所謂擲鼠忌器蓋謂此也（前書賈誼曰里諺云欲投鼠而忌器此善諭也鼠近於器尚憚不投恐傷其器況乎貴臣之近主乎）是以齊兵次楚唯責包茅（左傳齊桓伐楚責以包茅不入王祭不供無以縮酒杜預注曰包裹束也茅菁茅也束茅而灌之以酒爲縮酒也）王師敗績不書晉人（公羊傳成公元年秋王師敗績于貿戎孰敗之蓋晉敗之

曷爲不言晉敗之王者無敵莫敢當也前已露袁術之罪今復下劉表之事是使跛牂欲闚高岸天險可得而登也史記李斯曰故城高五丈而樓季不輕犯也太山之高百仞而跛牂牧其上夫樓季而難五丈之限豈跛牂而易百仞之高哉峭漸之埶異也爾雅曰羊牝曰牂易曰天險不可升也地險山川丘陵也案表跛扈擅誅列侯遏絕詔命斷盜貢篚鄭玄注儀禮曰篚竹器如筐也書曰厥篚玄纁璣組招呼元惡㠯自營衛專爲羣逆主萃淵藪書曰今商王受亡道爲天下逋逃主萃淵藪孔注曰天下罪人逃亡者而紂爲魁主窟聚泉府藪澤也郜鼎在廟章孰甚焉左傳取郜大鼎于宋戊申納于太廟臧哀伯諫曰君人者昭德塞違以臨照百官百官於是乎戒懼郜鼎在廟彰孰甚焉郜鼎郜國所作也桑落瓦解其埶可見詩曰桑之落矣其黃而隕臣愚㠯爲宜隱郊祀之事㠯崇國防五年南陽王馮東海王祗薨並獻帝子帝傷其早歿欲爲修四時之祭㠯訪於融融對曰聖恩敦睦感時增思悼二王之靈發哀愍之詔稽度前典㠯正禮制竊觀故事前梁懷王臨江愍王齊哀王臨淮懷王並薨無後同產昆弟卽景武昭明四帝是也梁懷王揖景帝弟也立十年薨臨江愍王榮武帝兄也爲皇太子四歲廢爲王坐侵廟壖地自殺齊懷王閎武帝子昭帝異母兄立八年薨臣賢案齊哀王悼惠王之子高帝之孫非昭帝兄弟當爲懷王作哀者誤也臨淮公衡明帝弟建武十五年立未及進爵爲王而薨融家傳及本傳皆作公此爲王者亦誤也未聞前朝修

立祭祀若臨時所施則不列傳紀臣愚以爲諸在沖齓聖慈哀悼禮同成人加以號謚者宜稱上恩[稱音尺證反]祭祀禮畢而後絕之至於一歲之限不合禮意又違先帝已然之法所未敢處[處猶安也]初曹操攻屠鄴城袁氏婦子多見侵略而操子丕私納袁熙妻甄氏[袁紹傳熙紹之中子也甄氏中山無極人漢太保甄邯後也父逸上蔡令魏略曰熙出在幽州甄氏侍姑及鄴城破文帝入紹舍后怖伏姑膝上帝令舉頭就視見其顏色非凡太祖聞其意爲迎取之]融乃與操書稱武王伐紂以妲己賜周公[妲音丁末反又音旦紂之妃有蘇氏女也紂用其言毒虐衆庶武王克殷斬妲己頭縣之於小白旗以爲紂之亡由此女也出列女傳也]操不悟後問出何經典對曰以今度之想當然耳後操討烏桓[建安十三年也]又嘲之曰大將軍遠征蕭條海外昔肅愼不貢楛矢[國語曰昔武王剋商通于九夷百蠻於是肅愼氏貢楛矢石砮其長尺有咫肅愼國記曰肅愼氏其地在夫餘國北東濱大海魏略曰挹婁一名肅愼氏說文曰楛木也今遼左有楛木狀如荆葉如榆也]丁零盜蘇武牛羊可并案也[山海經曰北海之內有丁零之國前書蘇武使匈奴單于徙北海上丁零盜武牛羊武遂窮厄也]時年飢兵興操表制酒禁融頻書爭之多侮慢之辭[融集與操書云酒之爲德久矣古先哲王類帝禋宗和神定人以濟萬國非酒莫以也故天垂酒星之耀地列酒泉之郡人著旨酒之德堯不千鍾無以建太平孔非百觚無以堪上聖樊噲解厄鴻門

非豕肩鍾酒無以奮其怒趙之厮養東迎其王非引卮酒無以激其氣高祖非醉斬白蛇無以暢其靈景帝非醉幸唐姬無以開中興袁盎非醇醪之力無以脫其命定國不酣飲一斛無以決其法故酈生以高陽酒徒著功於漢屈原不餔糟歠醨取困於楚由是觀之酒何負於政哉又書曰昨承訓答陳二代之禍及衆人之敗以酒亡者實如來誨雖然徐偃王行仁義而亡今令不絕仁義燕噲以讓失社稷今令不禁謙退魯因儒而損今令不棄文學夏商亦以婦人失天下今令不斷婚姻而將酒獨急者疑但惜穀耳非以亡王爲戒也既見操雄詐漸著數不能堪故發辭偏宕多致乖忤偏邪跌宕不拘正理又嘗奏宜準古王畿之制千里寰內不以封建諸侯周禮方千里曰國畿其外五百里侯畿鄭玄注畿限也操疑其所論建漸廣益憚之然以融名重天下外相容忍而潛忌正議慮鯁大業山陽郗慮續漢書慮字鴻豫山陽高平人少受學於鄭玄虞溥江表傳曰獻帝嘗時見慮及少府孔融問融曰鴻豫何所優長融曰可與適道未可與權慮舉笏曰融昔宰北海政散人流其權安在遂與融互相長短以至不穆曹操以書和解之慮從光祿勳遷御史大夫承望風旨以微法奏免融官因顯明讎怨操故書激厲融曰蓋聞唐虞之朝有克讓之臣尚書曰舜以伯禹爲司空禹讓稷契暨皐陶以益爲朕虞益讓于朱虎熊羆以伯夷爲秩宗伯夷讓于夔龍故麟鳳來而頌聲作也史記曰於是禹興九韶之樂致異物鳳皇來儀後世德薄猶有殺身爲君若齊孟陽代君居牀以待賊西漢紀信乘黃屋誑楚之類也破家爲國若要離焚妻子以狥吳李通誅宗族以從漢之類也及至其敝睚眦之怨必讎一餐之惠必報史記

范雎一餐之德必償睚眦之怨必報故鼂錯念國遘禍於袁盎景帝時錯爲御史大夫以諸侯國大請削其土吳楚七國反以誅錯爲名袁盎素與錯不相善盎乃進說請斬錯以謝七國景帝遂斬錯也屈平悼楚受譖於椒蘭屈平楚懷王時爲三閭大夫秦昭王使張儀譎詐懷王令絕齊交又誘請會武關平諫王不聽其言卒客死於秦懷王子子椒子蘭讒之於襄王而放逐之見史記彭寵傾亂起自朱浮朱浮與寵不相能數譖之光武寵遂反鄧禹威損失於宗馮鄧禹征赤眉令宗歆馮愔守栒邑二人爭權相攻遂殺歆因反擊禹今流俗本宗誤作宋也由此言之喜怒怨愛禍福所因可不慎與音余昔廉藺小國之臣猶能相下趙惠文王與秦昭王會澠池歸拜藺相如爲上卿位在廉頗右頗曰吾不忍爲之下必辱之相如每朝常避之頗聞之肉袒負荊謝之相與爲刎頸之交事見史記寇賈倉卒武夫屈節崇好光武不問伯升之怨齊侯不疑射鉤之虜公子糾與桓公爭立管仲射桓公中鉤後桓公卽位以管仲爲相也夫立大操者豈累細故哉往聞二君有執法之平㠯爲小介介猶蔕芥也公法雖平私情爲蔕芥者也當收舊好而怨毒漸積志相危害聞之憮然中夜而起憮音舞憮失意貌也昔國家東遷文舉盛歎鴻豫名實相副綜達經學出於鄭玄又明司馬法史記齊威王使大夫追論古者司馬法其法論田及兵之法也鴻豫亦稱文舉奇逸博聞誠怪今者與始相違孤與文舉既非舊好又於鴻豫亦無

恩紀然願人之相美不樂人之相傷是以區區思協歡好又知二君羣小所構孤爲人臣進不能風化海内退不能建德和人然撫養戰士殺身爲國破浮華交會之徒計有餘矣融報曰猥惠書教猥曲也告所不逮融與鴻豫州里比鄰山陽與魯郡相鄰比知之最早雖嘗陳其功美欲以厚於見私信於爲國不求其覆過掩惡有罪望不坐也前者黜退懽欣受之昔趙宣子朝登韓厥夕被其戮喜而求賀宣子趙盾謚也國語曰宣子言韓厥於靈公以爲司馬河曲之役趙宣子使人以其乘車干行韓厥執而戮之衆咸曰韓厥必不沒矣其主朝升之而暮戮其車其誰安之宣子召而禮之謂諸大夫曰二三子可以賀我矣吾舉厥也中吾乃今知免於罪矣況無彼人之功而敢枉當官之平哉忠非三閭卽屈原也掌王族三姓曰昭屈景故曰三閭智非鼂錯竊位爲過免罪爲幸乃使餘論遠聞所以慙懼也朱彭寇賈爲世壯士愛惡相攻能爲國憂至於輕弱薄劣猶昆蟲之相齧適足還害其身夏小正云昆衆也孫卿子曰昆蟲亦有知誠無所至也晉侯嘉其臣所爭者大而師曠以爲不如心競左傳秦伯之弟鍼如晉修成叔向命召行人子員行人子朱曰朱也

當御三云叔向不應子朱怒曰班爵同何以黜朱於朝撫劒從之叔向曰秦晉不和久矣今日之事幸而集晉國賴之不集三軍暴骨子員導二國之言無私子常易之姦以事君者吾所能禦也拂衣從之人救之平公曰晉其庶乎吾臣之所爭者大師曠曰公室懼卑臣不心競而力爭也**性既遲緩與人無傷雖出胯下之負**韓信貧賤淮陰少年侮之令信出胯下**榆次之辱**史記荊軻嘗游榆次與蓋聶論劒蓋聶怒而目之荊軻出去**不知貶毀之於己猶蚊虻之一過也**蚊音文虻音盲蚊虻之暫過未以爲害**子產謂人心不相似**左傳曰子產謂子皮曰人心不同其如面焉吾豈敢謂子面如吾面乎**或矜埶者欲㠯取勝爲榮不念宋人待四海之客大鑪不欲令酒酸也**鑪累土爲之以居酒瓮四邊隆起一面高如鍛鑪故名鑪字或作壚韓子曰宋人有沽酒者斗槩甚平遇客甚謹爲酒甚美而酒不售酒酸者怪其故問所知閭長者楊倩二人曰汝狗猛耶曰狗猛何故不售曰人畏焉令孺子懷錢挈壺往沽狗迎齕之酒所以酸而不售**至於屈穀巨瓠堅而無竅當㠯無用罪之耳**韓子曰齊有居士田仲宋人屈穀往見之曰穀聞先生之義不恃仰人而食今穀有樹瓠之法堅如石厚而無竅願獻先生田仲曰夫子徒謂我也凡貴於樹瓠者爲可以盛也今厚而無竅則不可以盛物而任堅如石則不可以剖而斟吾無以此瓠爲也將棄之今仲不恃仰人而食亦無益人國亦堅瓠之類**它者奉遵嚴敎不敢失墜郗爲故吏融所推進趙衰之拔郤穀**左傳晉文公謀元帥趙衰曰郤穀可乃使郤穀將中軍**不輕公叔之升臣也**公叔文子衞大夫其家臣名僎行與文子同升之於公與之並爲大夫僎音七眷反見論語**知同其愛訓誨發中**言曹公與己同愛郗慮故發於中心而訓誨**雖懿伯之忌猶不得念**

禮記檀弓曰滕成公之喪使子叔敬叔弔子服惠伯爲介及郊爲懿伯之忌不入惠伯曰政也不可以叔父之私不將公事遂入鄭玄注曰懿伯惠伯之叔父也忌怨也況恃舊交而欲自外於賢吏哉〔賢吏謂慮也〕輒布腹心修好如初苦言至意終身誦之歲餘復拜太中大夫性寬容少忌好士喜誘益後進及退閑職〔太中大夫職在言議故云閑職〕賓客日盈其門常歎曰坐上客恆滿尊中酒不空吾無憂矣與蔡邕素善邕卒後有虎賁士貌類於邕〔漢官典職儀曰虎賁中郎將主武賁千五百人〕融每酒酣引與同坐曰雖無老成人且有典刑〔詩大雅曰雖無老成人尚有典刑也〕融聞人之善若出諸己言有可采必演而成之面告其短而退稱所長薦達賢士多所奬進知而未言以爲己過故海內英俊皆信服之

曹操既積嫌忌而郗慮復搆成其罪遂令丞相軍謀祭酒路粹〔典略曰粹字文蔚陳留人少學於蔡邕建安初以高第擢拜尚書郎後爲軍謀祭酒與陳琳阮瑀等典記室融誅之後人覩粹所作無不嘉其才而忌其筆也〕枉狀奏融曰少府孔融昔在北海見王室不靜而招合徒衆欲規不軌云我大聖之後而見滅於宋〔史記曰魯大夫孟釐子曰孔丘聖人之後滅於宋服虔注曰聖人謂商湯也孔子六代祖孔父嘉爲宋華督所殺其子奔魯也〕有

天下者何必卯金刀及與孫權使語謗訕朝廷 訕音所諫反訕謂謗毀也蒼頡篇曰訕非也 又融爲九列不遵朝儀禿巾微行 謂不加幘 唐突宮掖又前與白衣禰衡跌蕩放言 跌蕩無儀檢也放縱也 云父之於子當有何親論其本意實爲情欲發耳子之於母亦復奚爲譬如寄物缻中 說文曰缻缶也字書曰缻似缶而高 出則離矣既而與衡更相贊揚衡謂融曰仲尼不死融答曰顏回復生大逆不道宜極重誅書奏下獄棄市時年五十六妻子皆被誅初女年七歲男年九歲以其幼弱得全寄它舍二子方弈棊融被收而不動左右曰父執而不起何也答曰安有巢毀而卵不破乎主人有遺肉汁男渴而飲之女曰今日之禍豈得久活何賴知肉味乎兄號泣而止或言於曹操遂盡殺之及收至謂兄曰若死者有知得見父母豈非至願乃延頸就刑顏色不變莫不傷之初京兆人脂習元升與融相善每戒融剛直 魏略曰曹操爲司空威德日盛融故以舊意書疏倨傲習常責融令改節融不從之 及被害

許下莫敢收者習往撫尸曰文舉舍我死吾何用生爲操聞大怒將收習殺之後得赦出魏文帝深好融文辭歎曰楊班儔也募天下有上融文章者輒賞以金帛所著詩頌碑文論議六言策文表檄教令書記凡二十五篇文帝以習有欒布之節加中散大夫前書曰欒布梁人也爲梁王彭越大夫使於齊未反漢誅越梟首雒陽下布還奏事越頭下祠而哭之

論曰昔諫大夫鄭昌有言山有猛獸者藜藿爲之不採宣帝時司隸校尉蓋寬饒以直言得罪鄭昌愍傷寬饒忠直憂國以言事不當意而爲文吏所詆挫故上書訟之是以孔父正色不容弒虐之謀公羊傳曰孔父正色而立于朝則人莫敢過而致難於其君者孔父可謂義形於色矣平仲立朝有紓盜齊之望紓音舒解也緩也盜齊謂田常也莊子曰田成子一旦弒齊君而盜其國左傳齊景公坐於路寢公歎曰美哉室其誰有此乎晏子對曰如君之言其陳氏乎公曰是可若何對曰唯禮可以已之若夫文舉之高志直情其足以動義槩而忤雄心忤逆也故使移鼎之迹事隔於人存移鼎謂遷漢之鼎也人存謂曹操身在不得篡位也左傳曰桀有昏德鼎遷于商商紂暴虐鼎遷于周代終之規啓機於身後也代終謂代漢祚之終也身後謂曹丕受禪也夫嚴氣正性覆折而已豈其負園委屈可以每其

生哉园卽刓字音五丸反前書音義曰刓謂刓圜無稜角也每貪也言盜正直以傾覆摧折不能委曲以貪生也賈誼曰品庶每生懍懍焉皜皜焉其與琨玉秋霜比質可也懍懍言勁烈如秋霜也皜皜言堅貞如白玉也皜音古老反

荀彧字文若袁宏漢紀彧作郁潁川潁陰人朗陵令淑之孫也朗陵縣屬汝南郡故城在今豫州朗山縣西南父緄爲濟南相緄音古本反緄畏憚宦官乃爲彧娶中常侍唐衡女典畧曰衡欲以女妻汝南傅公明公明不取轉以妻郁彧吕少有才名故得免於譏議南陽何顒名知人見彧而異之曰王佐才也中平六年舉孝廉再遷亢父令亢父縣屬梁國故城在今兗州任城縣南亢音剛父音甫董卓之亂棄官歸鄉里同郡韓融時將宗親千餘家避亂密西山中密縣西山也彧謂父老曰潁川四戰之地也四面通也天下有變常爲兵衝密雖小固不足吕扞大難宜亟避之亟音紀力反鄉人多懷土不能去會冀州牧同郡韓馥遣騎迎之彧乃獨將宗族從馥留者後多爲董卓將李傕所殺略焉彧比至冀州而袁紹已奪馥位紹待彧吕上賓之禮彧明有意數數計數也見漢室崩亂每懷匡佐之義時

曹操在東郡，彧聞操有雄略，而度紹終不能定大業。初平二年，乃去紹從操。操與語，大悅曰：「吾子房也。」比之張良。以為奮武司馬，時年二十九。明年，又為操鎮東司馬。興平元年，操東擊陶謙，使彧守甄城，縣名，屬濟陰郡，今濮州縣也。甄今作鄄，音絹。任以留事。會張邈、陳宮以兗州反操，典略：宮字公臺，東郡人，剛直烈壯，少與海內知名之士皆相連結也。而潛迎呂布。布既至，諸城悉應之。邈乃使人譎彧譎，詐也。曰：「呂將軍來助曹使君擊陶謙，宜亟供軍實。」彧知邈有變，即勒兵設備，故邈計不行。豫州刺史郭貢率兵數萬來到城下，求見彧。彧將往，東郡太守夏侯惇等止之，魏志曰：惇字元讓，沛國人。曰：「何知貢不與呂布同謀，而輕欲見之。今君為一州之鎮，往必危也。」彧曰：「貢與邈等，分非素結，今來速者，計必未定，及其猶豫，宜時說之，縱不為用，可使中立。不令其有去就也。若先懷疑嫌，彼將怒而成謀，不如往也。」貢既見彧無懼意，知城不可攻，遂引而去。彧乃使程昱說范、東阿，魏志：昱字仲德，東郡東阿人。范縣屬東郡，今濮陽縣也。東阿縣屬東郡今濟州縣也使固其守卒全三城以待操焉三城謂鄄范東阿也二年陶謙死操欲遂取徐州還定呂布彧諫曰昔高祖保關中高祖距項羽常留蕭何守關中光武據河內皆深根固本以制天下進可以勝敵退足以堅守故雖有困敗而終濟大業將軍本以兗州首事故能平定山東曹操初從東郡守鮑信等迎領兗州牧遂進兵破黃巾等故能平定山東也此實天下之要地而將軍之關河也若不先定之根本將何寄乎宜急分討陳宮使虜不得西顧乘其閒而收孰麥約食稸穀以資一舉則呂布不足破也今舍之而東未見其便多留兵則力不勝敵少留兵則後不足固布乘虛寇暴震動人心縱數城或全其餘非復己有則將軍尚安歸乎且前討徐州威罰實行其子弟念父兄之恥必人自爲守就能破之尚不可保彼若懼而相結共爲表裏堅壁清野以待將軍將軍攻之不拔掠之無獲不出一旬則十萬之衆未戰而自困矣夫事固有棄彼取此以權一時之埶

願將軍慮焉操於是大收孰麥復與布戰布敗走因分定諸縣兗州遂平建安元年獻帝自河東還洛陽操議欲奉迎車駕徙都於許衆多以山東未定韓暹楊奉負功恣睢恣睢肆怒貌睢音火季反又火隹反史記盜跖曰殺不辜暴戾恣睢未可卒制彧乃勸操曰昔晉文公納周襄王而諸侯景從左傳卜偃言於晉侯曰求諸侯莫如勤王諸侯信之且大義也晉侯以左師逆王王入於王城取大叔於溫殺之於隰城遂定霸業天下服從也漢高祖爲義帝縞素而天下歸心項羽殺義帝於郴高祖爲義帝發喪高祖大哭發使告諸侯曰天下共立義帝北面事之今項羽放殺義帝大逆無道寡人親爲發喪兵皆縞素自天子蒙塵蒙冒也左傳臧文仲曰天子蒙塵於外敢不奔問官守將軍首唱義兵徒以山東擾亂未遑遠赴雖禦難於外乃心無不在王室尚書曰雖爾身在外乃心無不在王室乃汝也今鑾駕旋軫鄭玄注周禮曰軫輿後橫木也東京榛蕪義士有存本之思兆人懷感舊之哀誠因此時奉主上以從人望大順也秉至公以服天下大略也扶弘義以致英俊大德也四方雖有逆節其何能爲韓暹楊奉安足恤哉若不時定使豪桀生心後雖爲慮亦無及矣操從之及帝都許以彧爲

侍中守尚書令操每征伐在外其軍國之事皆與彧籌焉彧又進操計謀之士從子攸魏志荀攸字公達太祖素聞攸名與語大悅謂彧曰公達非常人吾得與之計事天下當何憂哉及鍾繇郭嘉魏志嘉字奉孝潁川人也戲志才籌畫士也太祖甚器之早卒太祖與彧書曰自志才亡後莫可與計事者汝潁固多奇士誰可以繼之彧薦嘉召見論天下事太祖曰使孤成大業者必此人也陳羣杜襲襲字子緒潁川人荀彧薦襲太祖以為丞相軍謀祭酒魏國建為侍中司馬懿戲志才等懿字仲達即晉宣帝皆稱其舉唯嚴象為揚州三輔決錄曰象字文則京兆人少聰博有膽智為揚州刺史後為孫策廬江太守李術所殺韋康為涼州後並負敗焉康字元將京兆人父端從涼州牧徵為太僕康代為涼州刺史時人榮之後為馬超所圍堅守歷時救軍不至遂為超所殺袁紹既兼河朔之地有驕氣而操敗於張繡魏志張繡在南陽降既而悔之而復反操與戰軍敗為流矢所中紹與操書甚倨陳琳為紹作檄書曰操祖父騰饕餮放橫父嵩乞匄攜養操贅閹遺醜並倨慢之詞也操大怒欲先攻之而患力不敵以謀於彧彧量紹雖彊終為操所制乃說先取呂布然後圖紹操從之三年遂擒呂布定徐州五年袁紹率大衆以攻許操與相距紹甲兵甚盛議者咸懷惶懼少府孔融謂彧曰袁紹地廣兵彊田豐許攸智計之士為其謀先賢行狀豐字元皓鉅鹿人天姿瓌傑權略多奇許攸字子遠審配逢紀

盡忠之臣任其事配字正南魏郡人忠烈慷慨有不可犯之色紹領冀州委配腹心之任英雄記曰紀字元圖初紹去董卓與許攸及紀俱詣冀州紹以紀聰達有計策甚信之顏良文醜勇冠三軍統其兵殆難克乎彧曰紹兵雖多而法不整田豐剛而犯上許攸貪而不正審配專而無謀逢紀果而自用顏良文醜匹夫之勇可一戰而擒也後皆如彧之籌事在袁紹傳操保官度官度即古之鴻溝也於滎陽下引河東南流其所保處在今鄭州中牟縣北官度口是也與紹連戰雖勝而軍糧方盡與彧議欲還許以致紹師致猶至也兵法曰善戰者致人不致於人彧報曰今穀食雖少未若楚漢在滎陽成皋間也是時劉項莫肯先退者以爲先退則埶屈也高祖與項羽於滎陽成皋間久相持不決後羽請鴻溝以西爲漢而退高祖遂乘羽敗之垓下追殺之公以十分居一之眾言與紹眾寡相懸也畫地而守之言畫地作限隔也鄒陽曰畫地而不敢犯搤其喉而不得進已半年矣搤音厄搤謂捉持之也情見埶竭必將有變此用奇之時不可失也操從之乃堅壁持之遂以奇兵破紹紹退走封彧萬歲亭侯邑一千戸六年操以紹新破未能爲患但欲留兵衛之自欲南征劉表以計問

彧彧對曰紹既新敗衆懼人擾今不因而定之而欲遠兵江漢若紹收離糺散糺合也乘虛㠯出則公之事去矣操乃止九年操拔鄴自領冀州牧有說操宜復置九州者㠯爲冀部所統旣廣則天下易服操將從之彧言曰今若依古制是爲冀州所統悉有河東馮翊扶風西河幽幷之地也公前屠鄴城海內震駭各懼不得保其士宇守其兵衆今若一處被侵必謂㠯次見奪人心易動若一旦生變天下未可圖也願公先定河北然後修復舊京南臨楚郢責王貢之不入天下咸知公意則人人自安須海內大定乃議古制此社稷長久之利也操報曰微足下之相難所失多矣遂寢九州議十二年操上書表彧曰昔袁紹作逆連兵官度時衆寡糧單圖欲還許尚書令荀彧深建宜住之便遠恢進討之略恢大也起發臣心革易愚慮堅營固守徼其軍實徼邀也音古堯反遂摧撲大寇濟危㠯安紹旣

破敗臣糧亦盡將舍河北之規改就荆南之策彧復備陳得失用移臣議故得反旆冀土左傳南轅反旆杜預曰軍門前大旆克平四州謂冀青幽并也向使臣退軍官度紹必鼓行而前鼓行謂鳴鼓而行言無所畏也敵人懷利以自百各規利人百其勇也臣衆怯沮以喪氣沮止也有必敗之形無一捷之勢捷勝也復若南征劉表委棄兖豫飢軍深入踰越江沔沔即漢水也孔安國曰漢上為沔利既難要將失本據而彧建二策以亡為存以禍為福謀殊功異臣所不及是故先帝貴指縱之功薄搏獲之賞搏擊也高祖既殺項羽論功行封以蕭何為最功臣多不服高祖曰諸君知獵乎夫獵追殺獸者狗也而發縱指示獸者人也諸君徒能追得獸耳功狗也至如蕭何發縱指示功人也縱或作蹤兩通古人尚帷幄之規下攻拔之力張良未嘗有戰鬭功高帝曰運策帷幄中決勝千里外子房功也自擇齊三萬戶以封之原其績効足享高爵而海內未喻其狀所受不侔其功侔等也臣誠惜之乞重平議增疇戶邑前書曰復其後代疇其爵邑音義曰疇等也使其後常與先人等也彧深辭讓操譬之曰昔介子推有言竊人之財猶謂之盜左傳介子推晉文公臣況君奇謨拔出興亡所係可專有之邪操不專功欲分之於彧也雖慕魯連沖高之迹

史記曰趙欲尊秦爲帝魯連止之平原君乃欲封魯連連笑曰所貴於天下之士爲人排患釋難解紛而無取也即有取者是商賈之士也而連不忍爲也將爲聖人達節之義乎左傳曰聖達節次守節於是增封千戶并前二千戶又欲授以正司彧先守尚書令今欲正除也彧使荀攸深自陳讓至于十數乃止操將伐劉表問彧所策彧曰今華夏已平荆漢知亡矣可聲出宛葉而閒行輕進以掩其不意操從之會表病死魏志操如彧計表子琮以州逆降十七年董昭等昭字公仁濟陰人也欲共進操爵國公九錫備物禮含文嘉曰九錫一曰車馬二曰衣服三曰樂器四曰朱戶五曰納陛六曰虎賁白人七曰斧鉞八曰弓矢九曰秬鬯謂之九錫錫與也九錫皆如其德左傳曰分魯公以大輅大旂夏侯氏之璜封父之繁弱祝宗卜史備物典策密以訪彧彧曰曹公本興義兵以匡振漢朝雖勳庸崇著猶秉忠貞之節君子愛人以德不宜如此事遂寢禮記曰君子之愛人也以德細人之愛人也以姑息也操心不能平會南征孫權表請彧勞軍于譙因表留彧曰臣聞古之遣將上設監督之重下建副二之任史記齊景公以田穰苴爲將軍扞燕苴曰臣素卑賤擢之閭伍之中加之大夫之上士卒未附百姓不信權輕願得君之寵臣國之所尊以監軍乃可景公許之使莊賈往即監督之義也所以尊嚴國命謀而鮮過者也左傳曰謀而鮮過惠訓不倦臣今當濟江奉

辭伐罪宜有大使肅將天命文武並用自古有之使持節侍中守尚書令萬歲亭侯彧國之重臣德洽華夏既停軍所次便宜與臣俱進宣示國命威懷醜虜軍禮尚速不及先請臣輒留彧依以爲重書奏帝從之遂以彧爲侍中光祿大夫持節參丞相軍事至濡須濡須水名也在今和州歷陽縣西南吳錄曰孫權聞操來夾水立塢狀如偃月以相拒月餘乃退彧病留壽春壽春縣屬淮南郡今壽州郡也操饋之食發視乃空器也於是飲藥而卒時年五十獻帝春秋董承之誅伏后與父完書言司空殺董承帝方爲報怨完得書以示彧彧惡之隱而不言完以示其妻弟樊普普封以呈太祖太祖陰爲之備彧恐事覺欲自發之因求使至鄴勸太祖以女配帝太祖曰今朝廷有伏后吾女何得配上彧曰伏后無子性又凶邪往嘗與父書言辭醜惡可因此廢也太祖曰卿昔何不道之彧陽驚曰昔已嘗爲公言也太祖曰此豈小事而吾忘之太祖以此恨彧而外含容之至董昭建魏公議彧意不同欲言之於太祖乃齎璽書犒軍飲饗禮畢彧請間太祖知彧欲言揖而遣之遂不得留之卒於壽春帝哀惜之祖日爲之廢讌樂祖日謂祭祖神之日因爲讌樂也風俗通曰共工氏之子曰修好遠遊祀以爲祖神漢以午日祖謚曰敬侯明年操遂稱魏公云

論曰自遷帝西京山東騰沸詩曰百川沸騰天下之命倒縣矣趙岐注孟子曰倒縣猶困苦也荀君乃越河冀間關以從曹氏間關猶展轉也察其定舉措立言策措置也崇明王

略吕急國艱豈云因亂假義吕就違正之謀乎言彧本心不背漢也誠仁爲己任期紓民於倉卒也紓緩也音舒及阻董昭之議吕致非命豈數也夫世言荀君者通塞或過矣常吕爲中賢吕下道無求備智算有所研疎原始未必要末斯理之不可全詰者也夫吕衛賜之賢一說而斃兩國兩國謂齊與吳也端木賜字子貢衛人也田常欲伐魯仲尼令出使勸田常伐吳常許之賜又至吳請夫差伐齊又之越說勾踐將兵助吳又之晉說以兵待吳伐齊之弊吳既勝齊與晉爭強晉果敗吳越襲其後遂殺夫差故子貢一出存魯亂齊破吳強晉霸越彼非薄於仁而欲之蓋有全必有喪也斯又功之不兼者也子貢不欲違仁義而致晉但其事不兼濟也言彧豈願強曹氏令代漢哉事不得已也方時運之屯邅易曰屯如邅如邅竹連反非雄才無吕濟其溺功高埶強則皇器自移矣謂魏太祖功業大而神器自歸也此又時之不可並也蓋取其歸正而已亦殺身吕成仁之義也

贊曰公業稱豪駿聲升騰權詭時偪謂說辭以對揮金僚朋揮散也北海天逸音情頓挫逸縱也頓挫猶抑揚也越俗易驚孤音少和直轡安歸高謀誰佐直轡直道也言

其道無所歸謀謨之高欲誰佐也

彧之有弼誠感國疾功申運改迹疑心一迹若可疑心如一也

鄭孔荀列傳第六十

後漢書七十

皇甫嵩朱儁列傳第六十一　後漢書七十一

唐章懷太子賢注

皇甫嵩字義眞安定朝那人度遼將軍規之兄子也父節鴈門太守嵩少有文武志介好詩書習弓馬初舉孝廉茂才續漢書曰舉孝廉爲郎中遷霸陵臨汾令以父喪遂去官太尉陳蕃大將軍竇武連辟並不到靈帝公車徵爲議郎遷北地太守初鉅鹿張角自稱大賢良師良或作郎奉事黃老道畜養弟子跪拜首過首音式受反符水呪說以療病病者頗愈百姓信向之角因遣弟子八人使於四方以善道教化天下轉相誑惑十餘年閒衆徒數十萬連結郡國自青徐幽冀荆揚兖豫八州之人莫不畢應遂置三十六方方猶將軍號也大方萬餘人小方六七千各立渠帥訛言蒼天已死黃天當立歲在甲子天下大吉以白土書京城寺門及州郡官府皆作甲子字中平元年大方馬元義等先收荆

揚數萬人期會發於鄴元義數往來京師以中常侍封諝徐奉等爲內應約以三月五日內外俱起未及作亂而張角弟子濟南唐周上書告之於是車裂元義於洛陽靈帝以周章下三公司隸使鉤盾令周斌將三府掾屬案驗宮省直衛及百姓有事角道者誅殺千餘人推考冀州逐捕角等角等知事已露晨夜馳勑諸方一時俱起皆著黃巾爲摽幟幟音尺志反又音試時人謂之黃巾亦名爲蛾賊蛾音魚綺反卽蟻字也論賊衆多故以爲名殺人以祠天角稱天公將軍角弟寶稱地公將軍寶弟梁稱人公將軍所在燔燒官府劫掠聚邑州郡失據長吏多逃亡旬日之間天下響應京師震動詔勑州郡修理攻守簡練器械自函谷大谷廣城伊闕轘轅旋門孟津小平津諸關並置都尉大谷轘轅在洛陽東谷旋門在汜水之西召羣臣會議嵩以爲宜解黨禁益出中藏錢西園廄馬以班軍士帝從之於是發天下精兵博選將帥以嵩爲左中郎

將持節與右中郎將朱儁共發五校三河騎士及募精勇合四萬餘人嵩儁各統一軍共討潁川黃巾儁前與賊波才戰戰敗嵩因進保長社波才引大衆圍城嵩兵少軍中皆恐乃召軍吏謂曰兵有奇變不在衆寡孫子兵法曰凡戰者以正合以奇勝者也故善出奇無窮如天地無竭如江海戰勢不過奇正奇正之變不可勝也今賊依草結營易爲風火若因夜縱燒必大驚亂吾出兵擊之四面俱合田單之功可成也田單爲齊將守卽墨城燕師攻城田單取牛千頭衣以五綵束矛盾於其角繫火於其尾穿城而出城上大譟燕師大敗事見史記其夕遂大風嵩乃約勑軍士皆束苣乘城苣音巨說文云束葦燒之使銳士間出圍外縱火大呼城上舉燎應之嵩而鼓而奔其陳賊驚亂奔走會帝遣騎都尉曹操將兵適至嵩操與朱儁合兵更戰大破之斬首數萬級封嵩都鄉侯嵩儁乘勝進討汝南陳國黃巾追波才於陽翟擊彭脫於西華並破之西華縣屬汝南餘賊降散三郡悉平又進擊東郡黃巾卜巳於倉亭生禽卜巳斬首七千餘級時北中郎將盧植及東中

郎將董卓討張角並無功而還乃詔嵩進兵討之嵩與角弟梁戰於廣宗今貝州宗城縣梁衆精勇嵩不能剋明日乃閉營休士以觀其變知賊意稍懈乃潛夜勒兵雞鳴馳赴其陳戰至晡時大破之斬梁獲首三萬級赴河死者五萬許人焚燒車重三萬餘兩悉虜其婦子繫獲甚衆角先以病死乃剖棺戮屍傳首京師嵩復與鉅鹿太守馮翊郭典攻角弟寶於下曲陽又斬之首獲十餘萬人築京觀於城南杜元凱注左傳曰積尸封土於其上謂之京觀即拜嵩爲左車騎將軍領冀州牧封槐里侯食槐里美陽兩縣並屬扶風合八千戶以黃巾旣平故改年爲中平嵩奏請冀州一年田租以贍飢民帝從之百姓歌曰天下大亂兮市爲墟母不保子兮妻失夫賴得皇甫兮復安居嵩溫卹士卒甚得衆情每軍行頓止須營幔修立然後就舍帳軍士皆食爾乃嘗飯吏有因事受賂者嵩更以錢物賜之吏懷慙或至自殺嵩旣破黃巾

威震天下而朝政日亂海內虛困故信都令漢陽閻忠干說嵩曰干謂冒進難得而易失者時也時至不旋踵者幾也故聖人順時以動智者因幾以發今將軍遭難得之運蹈易駭之機而踐運不撫臨機不發將何以保大名乎嵩曰何謂也忠曰天道無親百姓與能今將軍受鉞於暮春收功於末冬老子曰天道無親常與善人易曰人謀鬼謀百姓與能淮南子曰凡命將王親授鉞曰從此上至天將軍制之兵動若神謀不再計摧強易於折枯消堅甚於湯雪旬月之間神兵電埽封尸刻石南向以報威德震本朝風聲馳海外雖湯武之舉未有高將軍者也今身建不賞之功體兼高人之德而北面庸主何以求安乎嵩曰夙夜在公心不忘忠何故不安忠曰不然昔韓信不忍一餐之遇而棄三分之業利劍已揣其喉方發悔毒之歎者機失而謀乖也前書項羽使武涉說韓信信曰漢王解衣衣我推食食我背之不祥又蒯通說信令信背漢三分天下鼎足而立信曰漢王遇我厚豈可背之哉後信謀反爲呂后所執歎曰吾不用蒯通計爲女子所詐豈非天哉今主上埶弱於劉項將軍權重於

淮陰指撝足以震風雲叱咤可以興雷電撝卽麾字古通用叱咤怒聲也赫然奮發因危抵穨抵音紙擊也崇恩以綏先附振武以臨後服徵冀方之士動七州之衆羽檄先馳於前大軍響振於後蹈流漳河飲馬孟津誅閹官之罪除羣凶之積雖僮兒可使奮拳以致力女子可使褰裳以用命況厲熊羆之卒因迅風之勢哉功業已就天下已順然後請呼上帝示以天命混齊六合南面稱制移寶器於將興寶器猶神器也謂天位也推亡漢於已墜實神機之至會風發之良時也夫旣朽不雕衰世難佐若欲輔難佐之朝雕朽敗之木是猶逆坂走丸迎風縱棹豈云易哉且今豎宦羣居同惡如市左氏傳韓宣子曰同惡相求如市賈焉上命不行權歸近習昏主之下難以久居史記范蠡曰大名之下難以久居不賞之功讒人側目如不早圖後悔無及嵩懼曰非常之謀不施於有常之勢創圖大功豈庸才所致黃巾細孽敵非秦項新結易散難以濟業且人未忘主天不

祐逆若虛造不冀之功㠯速朝夕之禍孰與委忠本朝守其臣節雖云多讒不過放廢猶有令名死且不朽（二句皆左傳之辭）反常之論所不敢聞忠知計不用因亡去（英雄記曰梁州賊王國等起兵刼忠爲主統三十六部號車騎將軍忠感傷發病死）會邊章韓遂作亂隴右明年春詔嵩迴鎮長安㠯衞園陵章等遂復入寇三輔使嵩因討之初嵩討張角路由鄴見中常侍趙忠舍宅踰制乃奏沒入之又中常侍張讓私求錢五千萬嵩不與二人由此爲憾奏嵩連戰無功所費者多其秋徵還收左車騎將軍印綬削戶六千更封都鄉侯二千戶五年梁州賊王國圍陳倉復拜嵩爲左將軍督前將軍董卓各率二萬人拒之卓欲速進赴陳倉嵩不聽卓曰智者不後時勇者不留決速救則城全不救則城滅全滅之埶在於此也嵩曰不然百戰百勝不如不戰而屈人之兵是㠯先爲不可勝㠯待敵之可勝不可勝在我可勝在彼彼守不足我攻有

餘孫子之文有餘者動於九天之上不足者陷於九地之下孫子兵法曰善守者藏於九地之下善攻者動於九天之上玄女三宮戰法曰行兵之道天地之寶九天九地各有表裏九天之上六甲子也九地之下六癸酉也子能順之萬全可保今陳倉雖小城守固備非九地之陷也王國雖強而攻我之所不救非九天之埶也夫埶非九天攻者受害陷非九地守者不拔國今已陷受害之地而陳倉保不拔之城我可不煩兵動衆而取全勝之功將何救焉遂不聽王國圍陳倉自冬迄春八十餘日城堅守固竟不能拔賊衆疲㢢果自解去嵩進兵擊之卓曰不可兵法窮寇勿追歸衆勿迫司馬兵法之言今我追國是迫歸衆追窮寇也困獸猶鬬蜂蠆有毒皆左氏傳文況大衆乎嵩曰不然前吾不擊避其銳也今而擊之待其衰也所擊疲師非歸衆也國衆且走莫有鬬志㠯整擊亂非窮寇也遂獨進擊之使卓爲後拒連戰大破之斬首萬餘級國走而死卓大慙恨由是忌嵩明年卓拜爲并州牧詔使㠯兵委嵩卓不從嵩從

子酈（酈音歷）時在軍中，說嵩曰：「本朝失政，天下倒懸，能安危定傾者，唯大人與董卓耳。今怨隙已結，埶不俱存。卓被詔委兵，而上書自請，此逆命也。又以京師昏亂，躊躇不進，此懷姦也。且其凶戾無親，將士不附。大人今爲元帥，杖國威以討之，上顯忠義，下除凶害，此桓文之事也。」嵩曰：「專命雖罪，專誅亦有責也。（春秋左氏傳曰：禀命則不威，專命則不孝。）不如顯奏其事，使朝廷裁之。」於是上書以聞。帝讓卓，卓又增怨於嵩。及後秉政，初平元年，乃徵嵩爲城門校尉，因欲殺之。嵩將行，長史梁衍說曰：「漢室微弱，閹豎亂朝，董卓雖誅之，而不能盡忠於國，遂復寇掠京邑，廢立從意。今徵將軍，大則危禍，小則困辱。今卓在洛陽，天子來西，以將軍之衆，精兵三萬，迎接至尊，奉令討逆，發令海內，徵兵羣帥，袁氏逼其東，將軍迫其西，此成禽也。」嵩不從，遂就徵。有司承旨，奏嵩下吏，將遂誅之。嵩子堅壽與卓素善，自長安亡走洛陽，歸投於卓卓方置酒歡會堅壽直前質讓責以大義（質正也）叩頭流涕坐者感動皆離席請之卓乃起牽與共坐使免嵩因復拜嵩議郎遷御史中丞及卓還長安公卿百官迎謁道次卓風令御史中丞以下皆拜以屈嵩（風音諷謂諷動也）既而抵手言曰義真犕未乎（犕音服說文曰犕牛乘馬犕古服字今河朔人猶有此言音備）嵩笑而謝之卓乃解釋（獻帝春秋曰初卓爲前將軍嵩爲左將軍俱征邊章韓遂爭雄及嵩拜車下卓曰可以服未嵩曰安知明公乃至於是卓曰鴻鵠固有遠志但燕雀自不知耳嵩曰昔與明公俱爲鴻鵠但明公今日變爲鳳凰耳）及卓被誅以嵩爲征西將軍又還車騎將軍其年秋拜太尉冬以流星策免（續漢書曰以日有重珥免）復拜光祿大夫遷太常尋李傕作亂嵩亦病卒贈驃騎將軍印綬拜家一人爲郎嵩爲人愛慎盡勤前後上表陳諫有補益者五百餘事皆手書毀草不宣于外又折節下士門無留客（言汲引之速）時人皆稱而附之堅壽亦顯名後爲侍中辭不拜病卒

朱儁字公偉會稽上虞人也少孤母常販繒爲業儁以孝養致名

爲縣門下書佐好義輕財鄉閭敬之時同郡周規辟公府當行假郡庫錢百萬㠯爲冠幘費而後倉卒督責規家貧無㠯備儁乃竊母繒帛爲規解對（規被錄占對儁爲備錢㠯解其事）母既失產業深恚責之儁曰小損當大益初貧後富必然理也本縣長山陽度尚見而奇之薦於太守韋毅稍歷郡職後太守尹端㠯儁爲主簿熹平二年端坐討賊許昭失利爲州所奏罪應棄市儁乃羸服間行輕齎數百金到京師賂主章吏遂得刊定州奏故端得輸作左校端喜於降免而不知其由儁亦終無所言後太守徐珪舉儁孝廉再遷除蘭陵令政有異能爲東海相所表會交阯部羣賊並起牧守輭弱不能禁又交阯賊梁龍等萬餘人與南海太守孔芝反叛攻破郡縣光和元年卽拜儁交阯刺史令過本郡簡募家兵及所調（家兵童僕之屬調謂調發之）合五千人分從兩道而入既到州界按甲不前先遣使詣郡觀賊虛實

宣揚威德㠯震動其心既而與七郡兵俱進逼之遂斬梁龍降者數萬人旬月盡定㠯功封都亭侯千五百戶賜黃金五十斤徵爲諫議大夫及黃巾起公卿多薦儁有才略拜爲右中郎將持節與左中郎將皇甫嵩討潁川汝南陳國諸賊悉破平之嵩乃上言其狀而㠯功歸儁於是進封西鄉侯遷鎮賊中郎將時南陽黃巾張曼成起兵稱神上使眾數萬殺郡守褚貢屯宛下百餘日後太守秦頡擊殺曼成賊更㠯趙弘爲帥眾浸盛遂十餘萬據宛城儁與荆州刺史徐璆及秦頡合兵萬八千人圍弘自六月至八月不拔有司奏欲徵儁司空張溫上疏曰昔秦用白起燕任樂毅皆曠年歷載乃能克敵〔史記曰白起郿人也善用兵事秦昭王爲大良造攻魏拔之後五年攻趙拔光狼城後七年攻楚拔鄢鄧五城明年拔郢燒夷陵遂東至竟陵樂毅趙人也賢而好兵燕昭王以爲亞卿後爲上將軍伐齊入臨淄徇齊五歲下齊七十餘城〕儁討潁川㠯有功効引師南指方略已設臨軍易將兵家所忌宜假日月責其成功靈帝乃止儁因急

擊弘斬之賊餘帥韓忠復據宛拒儁儁兵少不敵乃張圍結壘起土山㠯臨城內因鳴鼓攻其西南賊悉眾赴之儁自將精卒五千掩其東北乘城而入忠乃退保小城惶懼乞降司馬張超及徐璆秦頡皆欲聽之儁曰兵有形同而埶異者昔秦項之際民無定主故賞附㠯勸來耳今海內一統唯黃巾造寇納降無㠯勸善討之足㠯懲惡今若受之更開逆意賊利則進戰鈍則乞降縱敵長寇非良計也因急攻連戰不剋儁登土山望之顧謂張超曰吾知之矣賊今外圍周固內營逼急乞降不受欲出不得所㠯死戰也萬人一心猶不可當況十萬乎其害甚矣不如徹圍并兵入城忠見圍解埶必自出自出則意散易破之道也既而解圍忠果出戰儁因擊大破之乘勝逐北數十里斬首萬餘級忠等遂降而秦頡積忿忠遂殺之餘眾懼不自安復㠯孫夏爲帥還屯宛中儁急攻之

夏走追至西鄂精山又破之西鄂故城在今鄧州西城縣南精山在其南復斬萬餘級賊遂解散明年春遣使者持節拜儁右車騎將軍振旅還京師以爲光祿大夫增邑五千更封錢塘侯錢塘今杭州縣也錢塘記云昔郡議曹華信議立此塘以防海水始開募有能致土石一斛與錢一千旬日之間來者雲集塘未成而譎不復取皆遂棄土石而去塘以之成也加位特進以母喪去官起家復爲將作大匠轉少府太僕自黃巾賊後復有黑山黃龍白波左校郭大賢于氐根青牛角張白騎劉石左髭丈八平漢大計司隸掾哉九州春秋大計作大洪掾哉作緣城雷公浮雲飛燕白雀楊鳳于毒五鹿李大目白繞畦固苦晒之徒九州春秋晒作蝤音才由反並起山谷間不可勝數其大聲者稱雷公騎白馬者爲張白騎輕便者言飛燕多髭者號于氐根左氏傳曰于思于思棄甲復來杜預注云于思多須之貌也大眼者爲大目如此稱號各有所因大者二三萬小者六七千賊帥常山人張燕輕勇趫捷故軍中號曰飛燕善得士卒心乃與中山常山趙郡上黨河內諸山谷寇賊更相交通衆至百萬號曰

黑山賊河北諸郡縣並被其害朝廷不能討燕乃遣使至京師奏書乞降遂拜燕平難中郎將使領河北諸山谷事歲得舉孝廉計吏燕後漸寇河內逼近京師於是出儁爲河內太守將家兵擊卻之其後諸賊多爲袁紹所定事在紹傳復拜儁爲光祿大夫轉屯騎尋拜城門校尉河南尹時董卓擅政以儁宿將外甚親納而心實忌之及關東兵虛卓懼數請公卿會議徙都長安儁輒止之卓雖惡儁異己然貪其名重乃表遷太僕以爲己副使者拜儁辭不肯受因曰國家西遷必孤天下之望以成山東之釁臣不見其可也使者詰曰召君受拜而君拒之不問徙事而君陳之其故何也儁曰副相國非臣所堪也遷都計非事所急也辭所不堪言所非急臣之宜也使者曰遷都之事不聞其計就有未露何所承受儁曰相國董卓具爲臣說所以知耳使人不能屈由是止不爲副卓

後入關，留儁守洛陽，而儁與山東諸將通謀爲內應。旣而懼爲卓所襲，乃棄官奔荊州。卓以弘農楊懿爲河南尹，守洛陽。儁聞，復進兵還洛，懿走。儁以河南殘破無所資，乃東屯中牟，移書州郡，請師討卓。徐州刺史陶謙遣精兵三千，餘州郡稍有所給，謙乃上儁行車騎將軍。董卓聞之，使其將李傕、郭汜等數萬人屯河南拒儁。儁逆擊，爲傕、汜所破。儁自知不敵，留關下不敢復前。及董卓被誅，傕、汜作亂，儁時猶在中牟。陶謙以儁名臣，數有戰功，可委以大事，乃與諸豪傑共推儁爲太師，因移檄牧伯，同討李傕等，奉迎天子。乃奏記於儁曰：「徐州刺史陶謙、前揚州刺史周乾、琅邪相陰德、東海相劉馗、馗音巨眉反彭城相汲廉、北海相孔融、沛相袁忠、太山太守應劭、汝南太守徐璆、前九江太守服虔、博士鄭玄等，敢言之行車騎將軍河南尹莫府：蔡質漢儀曰：「諸州刺史上郡并列卿府，言敢言之。」國家旣遭董卓，重以李傕、郭汜之禍幼主劫執忠良殘敝長安隔絶不知吉凶是以臨官尹人搢紳有識莫不憂懼以爲自非明哲雄霸之士曷能剋濟禍亂自起兵巳來于玆三年州郡轉相顧望未有奮擊之功而互爭私變更相疑惑謙等並共諮諏議消國難僉曰將軍君侯旣文且武應運而出凡百君子靡不顒顒故相率厲簡選精悍堪能深入直指咸陽多持資糧足支半歲謹同心腹委之元帥會李傕用太尉周忠尚書賈詡策徵儁入朝軍吏皆憚入關欲應陶謙等儁曰以君召臣義不俟駕論語曰君命召不俟駕行矣俟待也況天子詔乎且傕汜小豎樊稠庸兒無他遠略又埶力相敵變難必作吾乘其閒大事可濟遂辭謙議而就傕徵復爲太僕謙等遂罷初平四年代周忠爲太尉錄尚書事明年秋以日食免復行驃騎將軍事持節鎭關東未發會李傕殺樊稠而郭汜又自疑與傕相攻長安中亂故儁止不出留拜大司農

獻帝詔儁與太尉楊彪等十餘人譬郭汜令與李傕和汜不肯遂留質儁等儁素剛即日發病卒子皓亦有才行官至豫章太守

論曰皇甫嵩朱儁並以上將之略受脤倉卒之時春秋左氏傳曰國之大事在祀與戎祀有執膰戎有受脤脤宜社之肉也爾雅曰舉大事動大衆必先有事於社然後出謂之宜及其功成師剋威聲滿天下值弱主蒙塵獷賊放命斯誠葉公投袂之幾翟義鞠旅之日新序曰楚白公勝既殺令尹司馬欲立王子閭為王王子閭不肯劫之以刃王子閭曰吾聞辭天下者非輕其利以明其德也不為諸侯者非惡其位以絜其行也今子告我以利威我以兵吾不為也白公強之不可遂殺之葉公子高率楚衆以誅白公而反惠王於國投袂奮袂也言其怒也左氏傳曰楚子聞之投袂而起翟義方進之子舉兵將誅王莽事見前書詩曰陳師鞠旅鄭玄注云鞠告也故梁衍獻規山東連盟而舍格天之大業蹈匹夫之小諒卒狼狽虎口為智士笑山東連盟謂上云羣師及袁氏也書稱伊尹格于皇天論語曰豈若匹夫匹婦之為諒也莊子曰孔子見盜跖退曰吾幾不免虎口豈天之長斯亂也何智勇之不終甚乎前史著平原華嶠稱其父光祿大夫表華嶠譜序曰表字偉容歆之子也年二十八餘為散騎常侍每言其祖魏太尉歆魏志曰歆字子魚稱時人說皇甫嵩之不伐汝豫之戰歸功朱儁張角之捷本之於盧植收名斂策而

已不有焉（斂策不論其功）葢功名者世之所甚重也誠能不爭天下之所甚重則怨禍不深矣如皇甫公之赴履危亂而能終已歸全者其致不亦貴乎故顏子願不伐善爲先斯亦行身之要與（論語曰顏回曰願無伐善無施勞）

贊曰黃妖衝發嵩乃奮鉞執是振旅不居不伐（老子曰功成而不居）儁捷陳潁亦弭于越（謂平許昭也于語辭猶云句吳之類矣）言肅王命竝遘屯蹷（蹷猶躓也）

皇甫嵩朱儁列傳第六十一

後漢書七十一

後漢書七十二

唐章懷太子賢注

董卓列傳第六十二

董卓字仲穎（卓別傳曰卓父君雅爲潁川輪氏尉生卓及弟旻故卓字仲潁旻字叔潁）隴西臨洮人也性麤猛有謀少嘗遊羌中盡與豪帥相結後歸耕於野諸豪帥有來從之者卓爲殺耕牛與共宴樂豪帥感其意歸相斂得雜畜千餘頭吕遺之由是吕健俠知名爲州兵馬掾常徼守塞下（說文曰徼巡也前書曰仲頴巡徼京師音義曰所謂遊徼備盜賊）卓膂力過人雙帶兩鞬左右馳射（方言曰所以藏箭謂之服藏弓謂之韇左氏傳云右屬櫜鞬）爲羌胡所畏桓帝末吕六郡良家子爲羽林郎從中郎將張奐爲軍司馬共擊漢陽叛羌破之拜郎中賜縑九千匹卓曰爲者則己有者則士（爲功者雖己共有者乃士）乃悉分與吏兵無所留稍遷西域戊己校尉坐事免後爲并州刺史河東太守中平元年拜東中郎將持節代盧植擊張角於下曲陽軍敗抵罪其冬北地先零羌及枹罕河關羣盜

反叛遂共立湟中義從胡北宮伯玉李文侯爲將軍殺護羌校尉泠徵伯玉等乃劫致金城人邊章韓遂獻帝春秋曰涼州義從宋建王國等反詐金城郡降求見涼州大人故新安令邊允從事韓約約不見太守陳懿勸之使王國等便劫質約等數十人金城亂懿出國扶以到護羌營殺之而釋約允等隴西以愛憎露布冠約允名以爲賊州購約允各千戶侯約允被購約改爲遂允改爲章使專任軍政共殺金城太守陳懿攻燒州郡明年春將數萬騎入寇三輔侵逼園陵託誅宦官爲名詔以卓爲中郎將副左車騎將軍皇甫嵩征之嵩以無功免歸而邊章韓遂等大盛朝廷復以司空張溫爲車騎將軍假節執金吾袁滂爲副袁宏漢紀曰滂字公熙純素寡欲終不言人短當權寵之盛或以同異致禍滂獨中立於朝故愛憎不及焉拜卓破虜將軍與盪寇將軍周愼並統於溫并諸郡兵步騎合十餘萬屯美陽美陽故城在今雍州武功縣北以衛園陵章遂亦進兵美陽溫卓與戰輒不利十一月夜有流星如火光長十餘丈照章遂營中驢馬盡鳴賊以爲不祥欲歸金城卓聞之喜明日乃與右扶風鮑鴻等并兵俱攻大破之斬首數千級章遂敗走榆中榆中

縣屬金城郡故城在今蘭州金城縣中溫乃遣周慎將三萬人追討之溫參軍事孫堅堅字文臺吳郡富春人卽孫權之父也見吳志說慎曰賊城中無穀當外轉糧食堅願得萬人斷其運道將軍以大兵繼後賊必困乏而不敢戰若走入羌中并力討之則涼州可定也慎不從引軍圍榆中城而章遂分屯葵園狹反斷慎運道慎懼乃弃車重而退溫時亦使卓將兵三萬討先零羌卓於望垣北望垣縣屬天水郡爲羌胡所圍糧食乏絕進退逼急乃於所度水中僞立隱以爲捕魚而潛從隱下過軍續漢書隱字作堰其字義則同但異體耳比賊追之決水已深不得度時衆軍敗退唯卓全師而還屯於扶風封斄鄉侯邑千戶斄縣故城在今雍州武功縣字或作郃音台三年春遣使者持節就長安拜張溫爲太尉三公在外始之於溫其冬徵溫還京師韓遂乃殺邊章及伯玉文侯擁兵十餘萬進圍隴西太守李相如反與遂連和共殺涼州刺史耿鄙而鄙司馬扶風馬騰典略曰騰字壽成扶風茂陵人馬援後也長八尺餘身體洪大面鼻雄異而性

賢厚人多敬之亦擁兵反叛又漢陽王國自號合衆將軍皆與韓遂合共推王國爲主悉令領其衆寇掠三輔五年圍陳倉乃拜卓前將軍與左將軍皇甫嵩擊破之韓遂等復共廢王國而劫故信都令漢陽閻忠（英雄記曰王國等起兵劫忠爲主統三十六部號車騎將軍）使督統諸部忠恥爲衆所脅感恚病死遂等稍爭權利更相殺害其諸部曲並各分乖六年徵卓爲少府不肯就上書言所將湟中義從及秦胡兵皆詣臣曰牢直不畢稟賜斷絕（前書音義曰牢稟食也古者名稟爲牢）妻子饑凍牽挽臣車使不得行羌胡敝腸狗態（言羌胡心腸敝惡情態如狗也續漢書敝作憋方言云憋惡也郭璞曰憋怤急性也憋音芳別反怤音芳于反）臣不能禁止輒將順安慰增異復上（如其更增異志當復聞上）朝廷不能制頗以爲慮及靈帝寢疾璽書拜卓爲并州牧令以兵屬皇甫嵩卓復上書言曰臣既無老謀又無壯事天恩誤加掌戎十年士卒大小相狎彌久戀臣畜養之恩爲臣奮一旦之命乞將之北州效力邊垂於是駐兵河東以觀

時變及帝崩大將軍何進司隸校尉袁紹謀誅閹宦而太后不許乃私呼卓將兵入朝㠯脅太后卓得召卽時就道並上書並猶兼也曰中常侍張讓等竊倖承寵濁亂海內臣聞揚湯止沸莫若去薪前漢枚乘上書曰欲湯之滄一人吹之百人揚之無益也不如絕薪止火而已滄音側亮反寒也潰癰雖痛勝於內食昔趙鞅興晉陽之甲㠯逐君側之惡人公羊傳曰晉趙鞅取晉陽之甲以逐荀寅與士吉射者曷爲君側之惡人也此逐君側之惡人曷爲以叛言之無君命也今臣輒鳴鍾鼓如洛陽鳴鍾鼓者聲其罪也論語曰小子鳴鼓而攻之典略載卓表曰張讓等怙慢天常擅操王命父子兄弟並據州郡一書出門高獲千金下數百萬膏腴美田皆屬讓等使變氣上蒸妖賊蜂起請收讓等㠯清姦穢卓未至而何進敗虎賁中郎將袁術乃燒南宮欲討宦官而中常侍段珪等山陽公載記段字作殷劫少帝及陳留王夜走小平津卓遠見火起引兵急進未明到城西聞少帝在北芒因往奉迎帝見卓將兵卒至恐怖涕泣典略曰帝望見卓涕泣羣公謂卓有詔却兵卓曰公諸人爲國大臣不能匡正王室至使國家播蕩何却兵之有遂俱入城卓與言不能辭對與陳留王語遂及禍亂之事卓㠯王爲賢且爲董太后所養卓自㠯與太后同族

有廢立意初卓之入也步騎不過三千自嫌兵少恐不爲遠近所服率四五日輒夜潛出軍近營明旦乃大陳旌鼓而還以爲西兵復至洛中無知者尋而何進及弟苗先所領部曲皆歸於卓卓又使呂布殺執金吾丁原而并其衆英雄記曰原字建陽爲人麤略有勇善
射受使不辭有警急追寇虜輒在前卓兵士大盛乃諷朝廷策免司空劉弘而自代之魏志曰以久不雨策免漢
官儀曰弘字子高安衆人因集議廢立百僚大會卓乃奮首而言曰大者天地其次君臣所以爲政皇帝闇弱不可以奉宗廟爲天下主今欲依伊尹霍光故事更立陳留王如何公卿以下莫敢對卓又抗言抗高
也曰昔霍光定策延年案劒有敢沮大議皆以軍法從之坐者震動前書昭帝崩霍光
迎立昌邑王賀卽位二十七日行淫亂光召丞相已下會議莫敢發
言田延年前離席案劒曰羣臣有後應者請斬之尚書盧植獨曰昔太甲旣立不明太甲湯孫太丁子也尚書曰太
甲旣立不明伊尹放諸桐宮昌邑罪過千餘故有廢立之事昌邑王凡所
徵發一千一百二十
七事今上富於春秋行無失德非前事之比也卓大怒罷坐明日

復集羣僚於崇德前殿遂脅太后策廢少帝曰皇帝在喪無人子之心威儀不類人君今廢爲弘農王乃立陳留王是爲獻帝又議太后[靈帝何皇后]蹙迫永樂太后[孝仁董皇后靈帝之母]至令憂死逆婦姑之禮無孝順之節[左傳曰婦養姑者也虧姑以成婦逆莫大焉]遷於永安宮遂以弒崩卓遷太尉領前將軍事加節傳斧鉞虎賁更封郿侯[傳音直戀反郿今岐州縣]卓乃與司徒黃琬司空楊彪俱帶鈇鑕詣闕上書追理陳蕃竇武及諸黨人以從人望於是悉復蕃等爵位擢用子孫尋進卓爲相國入朝不趨劍履上殿封母爲池陽君置丞令是時洛中貴戚室第相望金帛財產家家殷積卓縱放兵士突其廬舍淫略婦女剽虜資物謂之搜牢[言牢固者皆搜索取之也一曰牢漉也二字皆從去聲今俗有此言]人情崩恐不保朝夕及何后葬開文陵[靈帝陵]卓悉取藏中珍物又姦亂公主妻略宮人虐刑濫罰睚眦必死羣僚內外莫能自固卓常遣軍至陽城時人會於社下悉令就斬之

駕其車重載其婦女以頭繫車轅歌呼而還又壞五銖錢更鑄小錢悉取洛陽及長安銅人鍾虡飛廉銅馬之屬以充鑄焉 鍾虡以銅爲之故貫山上書云懸石鑄鍾虡前書音義曰虡鹿頭龍身神獸也說文鍾鼓之跗以猛獸爲飾也武帝置飛廉館音義云飛廉神禽身似鹿頭如爵有角蛇尾又如豹文明帝永平五年長安迎取飛廉及銅馬置上西門外名平樂館銅馬則東門京所作致於金馬門外者也張璠紀曰太史靈臺及永安候銅蘭楯卓亦取之 故貨賤物貴穀石數萬又錢無輪郭文章不便人用 魏志曰卓鑄小錢大五分無文章內外無輪郭不磨鑢 時人以爲秦始皇見長人於臨洮乃鑄銅人 三輔舊事曰秦王立二十六年初定天下稱皇帝大人見臨洮身長五丈迹長六尺作銅人以厭之立在阿房殿前漢徙長樂宮中大夏殿前史記曰始皇鑄天下兵器爲十二金人 卓臨洮人也而今毀之雖成毀不同凶暴相類焉卓素聞天下同疾閹官誅殺忠良及其在事雖行無道而猶忍性矯情擢用羣士乃任吏部尚書漢陽周珌侍中汝南伍瓊 英雄記珌作毖字仲遠武威人瓊字德瑜珌音秘 尚書鄭公業 公業名泰餘人皆書名范曄父名泰避其諱耳 長史何顒等以處士荀爽爲司空其染黨錮者陳紀韓融之徒皆爲列卿幽滯之士多所顯拔以尚書韓馥爲冀州刺史 英雄記馥字文節潁川人 侍中劉岱爲兗

州刺史吳志曰：劉岱字公山，東萊牟平人。陳留孔伷爲豫州刺史英雄記伷字公緒。九州春秋伷爲胄。潁川張咨爲南陽太守獻帝春秋咨作資，後爲孫堅所殺。卓所親愛並不處顯職，但將校而已。初平元年，馥等到官，與袁紹之徒十餘人各興義兵，同盟討卓，而伍瓊、周珌陰爲內主。初，靈帝末，黃巾餘黨郭太等復起西河白波谷，轉寇太原，遂破河東，百姓流轉三輔，號爲白波賊，衆十餘萬。卓遣中郎將牛輔擊之，不能却。及聞東方兵起，懼，乃鴆殺弘農王，欲徙都長安。會公卿議，太尉黃琬、司徒楊彪廷爭不能得，而伍瓊、周珌又固諫之。卓因大怒曰："卓初入朝，二子勸用善士，故相從，而諸君到官，舉兵相圖。此二君賣卓，卓何用相負！"遂斬瓊、珌。而彪、琬恐懼，詣卓謝曰："小人戀舊，非欲沮國事也，請自不及爲罪。"卓既殺瓊、珌，旋亦悔之，故表彪、琬爲光祿大夫。於是遷天子西都。初，長安遭赤眉之亂，宮室營寺焚滅無餘，是時唯有高廟、京兆府舍，遂便時幸焉（便時謂時日吉便）後移未央宮於是盡徙洛陽人數百萬口於長安步騎驅蹙更相蹈藉饑餓寇掠積尸盈路卓自屯留畢圭苑中悉燒宮廟官府居家二百里內無復孑遺又使呂布發諸帝陵及公卿已下冢墓收其珍寶時長沙太守孫堅亦率豫州諸郡兵討卓卓先遣將徐榮李蒙四出虜掠榮遇堅於梁（故城在今汝州梁縣西南）與戰破堅生禽潁川太守李旻亨之卓所得義兵士卒皆以布纏裹倒立於地熱膏灌殺之時河內太守王匡（英雄記曰匡字公節泰山人輕財好施以任俠聞）屯兵河陽津將以圖卓卓遣疑兵挑戰而潛使銳卒從小平津過津北破之死者略盡明年孫堅收合散卒進屯梁縣之陽人（梁縣屬河南郡今汝州縣也陽人聚故城在梁縣西）卓遣將胡軫呂布攻之布與軫不相能軍中自驚恐士卒散亂（九州春秋曰卓以東郡太守胡軫爲大督呂布爲騎督軫性急豫宣言今此行也要當斬一青綬乃整齊耳布等惡之宣言相驚云賊至軍衆大亂奔走）堅追擊之軫布敗走卓遣將李傕詣堅求和堅拒絕不受進軍大谷距洛九十里（大谷

口在故嵩陽西北三十五里北出對洛陽故城張衡東京賦云盟津達其後大谷通其前是也距至也卓自出與堅戰於諸陵墓間卓敗走却屯澠池聚兵於陝堅進洛陽宣陽城門洛陽記洛陽城南面有四門從東第三門更擊呂布布復破走堅乃埽除宗廟平塞諸陵分兵出函谷關至新安澠池間以截卓後卓謂長史劉艾曰關東諸將數敗矣無能為也唯孫堅小戇說文曰戇愚也音都降反諸將軍宜慎之乃使東中郎將董越屯澠池中郎將段煨屯華陰典略曰煨在華陰特修農事天子東遷煨迎貢饋周急魏志曰武威人也煨音壹回反中郎將牛輔屯安邑其餘中郎將校尉布在諸縣以禦山東卓諷朝廷使光祿勳宣璠璠音煩又音甫袁反持節拜卓為太師位在諸侯王上乃引還長安百官迎路拜揖卓遂僭擬車服乘金華青蓋爪畫兩轓時人號竿摩車言其服飾近天子也金華以金為華飾車也爪者蓋弓頭為爪形也轓音甫袁反廣雅云車箱也畫為文彩續漢志曰轓長六尺下屈廣八寸又云皇太子青蓋金華蚤畫轓竿摩謂相逼近也今俗以事干人者謂之相干摩以弟旻為左將軍封鄠侯兄子璜為侍中中軍校尉皆典兵事於是宗族內外並居列位其子

孫雖在髫齔男皆封侯女爲邑君數與百官置酒宴會淫樂縱恣乃結壘於長安城東㠯自居又築塢於郿高厚七丈號曰萬歲塢今案塢舊基高一丈周迴一里一百步積穀爲三十年儲自云事成雄據天下不成守此足㠯畢老常至郿行塢公卿已下祖道於横門外横音光卓施帳幔飲設誘降北地反者數百人於坐中殺之先斷其舌次斬手足次鑿其眼目㠯鑊煮之未及得死偃轉柸案閒會者戰慄亾失匕箸而卓飲食自若諸將有言語蹉跌便戮於前又稍誅關中舊族陷㠯叛逆時太史望氣言當有大臣戮死者卓乃使人誣衛尉張溫與袁術交通遂笞溫於市殺之㠯塞天變前溫出屯美陽令卓與邊章等戰無功溫召又不時應命旣到而辭對不遜時孫堅爲溫參軍勸溫陳兵斬之溫曰卓有威名方倚㠯西行堅曰明公親帥王師威振天下何恃於卓而賴之乎堅聞古之名將杖鉞臨衆未有

不斷斬㠯示威武者也故穰苴斬莊賈史記齊景公時晉伐阿鄄而燕侵河上以司馬穰苴爲將軍使寵臣莊賈監軍賈期後至穰苴斬以徇三軍鄄音絹魏絳戮楊干魏絳晉大夫楊干晉公弟會諸侯於曲梁楊干亂行魏絳戮其僕事在左傳今若縱之自虧威重後悔何及溫不能從而卓猶懷忌恨故及於難溫字伯愼漢官儀曰溫穰人少有名譽累登公卿亦陰與司徒王允共謀誅卓事未及發而見害越騎校尉汝南伍孚謝承書曰孚字德瑜汝南吳房人質性剛毅勇壯好義力能兼人忿卓凶毒志手刃之乃朝服懷佩刀㠯見卓孚語畢辭去卓起送至閤㠯手撫其背孚因出刀刺之不中卓自奮得免急呼左右執殺孚而大詬詬罵也許豆反曰虜欲反耶孚大言曰恨不得磔裂姦賊於都市磔車裂之也音丁格反獻帝春秋磔作車㠯謝天地言未畢而斃時王允與呂布及僕射士孫瑞謀誅卓三輔決錄曰瑞字君榮扶風人博達無不通天子都許追論瑞功封子萌澹津亭侯萌字文始有才學與王粲善粲作詩贈萌有人書呂字於布上負而行於市歌曰布乎有告卓者卓不悟英雄記曰有道士書布爲呂字持以示卓卓不知其爲呂布也三年四月帝病新愈大會未央殿卓朝服升車既而馬驚墯

泥還入更衣其少妻止之卓不從遂行乃陳兵夾道自壘及宮左步右騎屯衛周帀令呂布等扞衛前後王允乃與士孫瑞密表其事使瑞自書詔以授布令騎都尉李肅（獻帝紀曰肅呂布同郡人也）與布同心勇士十餘人僞著衛士服於北掖門內以待卓卓將至馬驚不行怪懼欲還呂布勸令進遂入門肅以戟刺之卓衷甲不入傷臂墮車顧大呼曰呂布何在布曰有詔討賊臣卓大罵曰庸狗敢如是邪布應聲持矛刺卓趣兵斬之（趣音促九州春秋曰布素使秦誼陳衛李黑等僞作宮門衛士持長戟卓到宮門黑等以長戟挾叉卓車或叉其馬卓驚呼布布素施鎧於衣中持矛卽應聲刺卓墜於車）主簿田儀（九州春秋儀字作景）及卓蒼頭前赴其尸布又殺之馳齎赦書以令宮陛內外士卒皆稱萬歲百姓歌舞於道長安中士女賣其珠玉衣裝市酒肉相慶者塡滿街肆使皇甫嵩攻卓弟旻於郿塢殺其母妻男女盡滅其族（英雄記曰卓母年九十走至塢門曰乞脫我死卽時斬首）乃尸卓於市天時始熱卓素充肥脂流於地守尸吏然火置卓臍中光明

達曙如是積日諸袁門生又聚董氏之尸焚灰揚之於路塢中珍藏有金二三萬斤銀八九萬斤錦綺繢縠紈素奇玩積如丘山初卓㠯牛輔子壻素所親信使㠯兵屯陜輔分遣其校尉李傕郭汜張濟英雄記傕北地人劉艾獻帝紀曰傕字稚然汜張掖人將步騎數萬擊破河南尹朱儁於中牟因掠陳留潁川諸縣殺略男女所過無復遺類呂布乃使李肅㠯詔命至陜討輔等輔等逆與肅戰肅敗走弘農布誅殺之其後牛輔營中無故大驚輔懼乃齎金寶踰城走左右利其貨斬輔送首長安獻帝紀曰輔帳下支胡赤兒等素待之過急盡以家寶與之自帶二十餘餅金大白珠瓔胡謂輔曰城北已有馬可去也以繩繫輔腰踰城懸下之未及地丈許放之輔傷腰不能行諸胡共取其金并珠斬首詣長安傕汜等㠯王允呂布殺董卓故忿怒并州人并州人其在軍者男女數百人皆誅殺之牛輔既敗衆無所依欲各散去傕等恐乃先遣使詣長安求乞赦免王允㠯爲一歲不可再赦不許之傕等益懷憂懼不知所爲武威人賈詡時在傕軍說之魏志曰卓之入洛陽

（詡以太尉掾爲平津尉遷討虜校尉牛輔屯陝詡在輔軍輔既死故詡在傕軍）曰聞長安中議欲盡誅涼州人諸君若弃軍單行則一亭長能束君矣不如相率而西以攻長安爲董公報仇事濟奉國家以正天下若其不合走未後也傕等然之各相謂曰京師不赦我我當以死決之若攻長安尅則得天下矣不尅則鈔三輔婦女財物西歸鄉里尚可延命衆以爲然於是共結盟率軍數千晨夜西行王允聞之乃遣卓故將胡軫徐榮擊之於新豐（九州春秋曰胡文才揚整修皆涼州人王允素所不善也及李傕之叛乃召文才整修使東曉喻之不假借以溫顏謂曰關東鼠子欲何爲乎卿往曉之於是二人往實召兵而還）榮戰死軫以衆降傕隨道收兵比至長安已十餘萬與卓故部曲樊稠李蒙等合（袁宏紀曰蒙後爲傕所殺）圍長安城城峻不可攻守之八日呂布軍有叟兵內反（叟兵即蜀兵也漢代謂蜀爲叟）引傕衆得入城潰放兵虜掠死者萬餘人殺衞尉种拂等呂布戰敗出奔王允奉天子保宣平城門樓上（三輔黃圖曰長安城東面北頭門號宣平門）於是大赦天下李傕郭汜樊稠等皆爲將軍（袁山松書曰允

謂傕等曰臣無作威作福將軍乃放縱欲何爲乎傕等不應自拜署傕爲陽武將軍汜爲楊烈將軍樊稠等皆爲中郎將也遂圍門樓共表請司徒王允出問太師何罪允窮蹙乃下後數日見殺傕等葬董卓於郿并收董氏所焚尸之灰合斂一棺而葬之葬日大風雨霆震卓墓流水入藏漂其棺木獻帝起居注曰冢戶開大風暴雨水土流入抒出之棺向入輒復風雨水溢郭戶如此者三四冢中水半所稠等共下棺天風雨益暴甚遂閉戶戶閉大風復破其冢傕又遷車騎將軍開府領司隸校尉假節汜後將軍稠右將軍張濟爲鎮東將軍並封列侯傕汜稠共秉朝政濟出屯弘農以賈詡爲左馮翊欲侯之詡曰此救命之計何功之有固辭乃止更以爲尚書典選明年夏大雨晝夜二十餘日漂沒人庶又風如冬時帝使御史裴茂訊詔獄原繫者二百餘人其中有爲傕所枉繫者傕恐茂赦之乃表奏茂擅出四徒疑有姦情請收之詔曰災異屢降陰雨爲害使者銜命宣布恩澤原解輕微庶合天心欲釋冤結而復罪之乎一切勿問初卓之入關要韓遂馬騰共

謀山東（獻帝傳曰騰父平扶風人爲天水蘭干尉失官遂留隴西與羌雜居家貧無妻遂取羌女生騰）遂騰見天下方亂亦欲倚卓起兵興平元年馬騰從隴右來朝進屯霸橋時騰私有求於傕不獲而怒遂與侍中馬宇右中郎將劉範（焉之子）前涼州刺史种邵中郎將杜稟（獻帝紀曰稟與賈詡有隙脅扶風吏人爲騰守槐里欲共攻傕傕令樊稠及兄子利數萬人攻圍槐里夜梯城城陷斬稟梟首）合兵攻傕連日不決韓遂聞之乃率衆來欲和騰傕既而復與騰合傕使兄子利共郭汜樊稠與騰等戰於長平觀下（前書音義曰長平坂名也在池陽南有長平觀去長安五十里）遂騰敗斬首萬餘級种邵劉範等皆死遂騰走還涼州稠等又追之韓遂使人語稠曰天下反覆未可知相與州里今雖小違要當大同欲共一言乃駢馬交臂相加（駢並也）笑語良久軍還利告傕曰樊韓駢馬笑語不知其辭而意愛甚密於是傕稠始相猜疑猶加稠及郭汜開府與三公合爲六府皆參選舉（獻帝起居注曰傕等各欲用其所舉若一違之便忿憤恚怒主者患之乃以次第用其所舉先從傕起汜次之稠次之三公所舉終不見用）時長安中盜賊不禁白日虜掠

傕汜稠乃參分城內各備其界猶不能制而其子弟縱橫侵暴百姓是時穀一斛五十萬豆麥二十萬人相食啖啖音徒敢反白骨委積臭穢滿路帝使侍御史侯汶音問出太倉米豆爲飢人作糜經日而死者無限帝疑賦卹有虛賦布也卹憂也乃親於御前自加臨檢旣知不實使侍中劉艾出讓有司於是尚書令已下皆詣省閤謝奏收侯汶考實詔曰未忍致汶於理可杖五十自是後多得全濟明年春傕因會刺殺樊稠於坐獻帝紀曰傕見稠果勇而得衆心疾害之醉酒潛使外生騎都尉胡封於坐中拉殺稠由是諸將各相疑異傕汜遂復理兵相攻袁宏記曰李傕數設酒請汜或留汜止宿汜妻懼與傕婢妾私而奪己愛思有以離間之會傕送饋汜妻乃以豉爲藥汜將食妻曰食從外來儻或有故遂摘藥示之曰一栖不兩雄我固疑將軍之信李公也他日傕請汜大醉汜疑傕藥之絞糞汁飲之乃解於是遂相猜疑也安西將軍楊定者故卓部曲將也懼傕忍害乃與汜合謀迎天子幸其營傕知其計卽使兄子暹音纖將數千人圍宮以車三乘迎天子皇后太尉楊彪謂暹曰古今帝王無在人臣家者諸君舉事當上順天心

奈何如是暹曰將軍計決矣帝於是遂幸傕營彪等皆徒從亂兵入殿掠宮人什物傕又徙御府金帛乘輿器服而放火燒宮殿官府居人悉盡帝使楊彪與司空張喜等十餘人和傕汜汜不從遂質留公卿彪謂汜曰將軍達人間事奈何君臣分爭一人劫天子一人質公卿此可行邪汜怒欲手刃彪彪曰卿尚不奉國家吾豈求生邪左右多諫汜乃止遂引兵攻傕矢及帝前獻帝紀曰汜與傕將張苞張龍謀誅傕汜將兵夜攻傕門候開門內汜兵苞等燒屋火不然汜兵弓弩竝發矢及天子樓帷簾中又貫傕耳傕將楊奉本白波賊帥乃將兵救傕於是汜衆乃退是日傕復移帝幸其北塢唯皇后宋貴人俱傕使校尉監門隔絕內外獻帝紀曰傕令門設反關校尉守察盛夏炎暑不能得冷水飢渴流離上以前移宮人及侍臣不得以穀米自隨入門有禁防不得出帝困乏使就傕索粳米五斛牛骨五具欲爲食賜宮人左右傕不與米取久牛肉牛骨給皆已臭蟲不可噉食尋復欲從帝於池陽黃白城池陽縣故城在今涇陽縣西北君臣惶懼司徒趙溫深解譬之乃止詔遣謁者僕射皇甫酈和傕汜酈先譬汜汜卽從命又詣傕傕不聽曰

郭多盜馬虜耳何敢欲與我同邪必誅之君觀我方略士眾足辦郭多不多又刼質公卿所爲如是而君苟欲左右之邪左右助也音佐又汜一名多酈曰今汜質公卿而將軍脅主誰輕重乎傕怒呵遣酈因令虎賁王昌追殺之昌僞不及酈得㠯免傕乃自爲大司馬獻帝起居注曰傕性喜鬼怪左道之術常有道人及女巫歌謳擊鼓下神祭六丁符刻厭勝之具無所不爲又於朝廷省門外爲董卓作神坐數以牛羊祠之天子使左中郎將李國持節拜傕爲大司馬在三公之右傕自以爲得鬼神之助乃厚賜諸巫與郭汜相攻連月死者㠯萬數張濟自陝來和解二人仍欲遷帝權幸弘農帝亦思舊京因遣使敦請傕求東歸十反乃許袁宏記曰濟使天官令孫篤校尉張式宣諭十反車駕卽日發邁獻帝起居注曰初天子出到宣平門當度橋汜兵數百人遮橋曰是天子非車不得前傕兵數百人皆持大戟在乘輿車前侍中劉艾大呼云是天子也使侍中楊琦高舉車帷帝言諸兵汝卻何敢迫近至尊邪汜等兵乃却旣度橋士眾咸稱萬歲李傕出屯曹陽㠯張濟爲驃騎將軍復還屯陝遷郭汜車騎將軍楊定後將軍楊奉興義將軍又㠯故牛輔部曲董承爲安集將軍蜀志曰承獻帝舅也裴松之注曰承靈帝母太后之姪汜等並侍送乘輿汜遂復欲脅帝幸郿定奉承不

聽汜恐變生，乃弃軍還就李傕。車駕進至華陰。帝王紀曰：帝以尚書郎郭溥喻汜，汜以屯部未定，乞須留之。溥因罵汜曰：卿眞庸人賤夫，爲國上將，今天子有命，何須留之？吾不忍見卿所行，請先殺我以章卿惡。汜得溥言切，意乃少喻。甯輯將軍段煨乃具服御及公卿已下資儲，請帝幸其營。初，楊定與煨有隙，遂誣煨欲反，乃攻其營，十餘日不下。袁宏記曰：煨與楊定有隙。煨迎乘輿，不敢下馬，揖馬上。侍中种輯素與定親，乃言曰：段煨欲反。上曰：煨屬來迎，何謂反？對曰：迎不至界，拜不下馬，其色變，必有異心。太尉楊彪等曰：煨不反，臣等敢以死保，車駕可幸其營。董承、楊定言曰：郭汜今且將七百騎來入煨營。天子信之，遂露次於道南。奉、承、定等功也。而煨猶奉給御膳，稟贍百官，終無二意。李傕、郭汜既悔令天子東，乃來救段煨，因欲劫帝而西。楊定爲汜所遮，亡奔荊州。而張濟與楊奉、董承不相平，乃反合傕、汜，共追乘輿，大戰於弘農東澗。承、奉軍敗，百官士卒死者不可勝數，皆弃其婦女輜重，御物符策典籍，略無所遺。獻帝傳曰：掠婦女衣被，遲遲不時解，即斫刺之。有美髮者斷取。凍死及嬰兒隨流而浮者塞水。射聲校尉沮儁被創墜馬，李傕謂左右曰：「尚可活不？」儁罵之曰：「汝等凶逆，逼迫天子，亂臣賊子，未有如汝者！」傕使殺之。袁山松書曰：儁年二十五。其時戰嘗賓負其屍而瘞之。天子遂露次曹陽承奉乃譎傕等與連和而密遣間使至河東招故白波帥李樂韓暹胡才及南匈奴右賢王去卑竝率其衆數千騎來與承奉共擊傕等大破之斬首數千級乘輿乃得進董承李樂擁衛左右胡才楊奉韓暹去卑爲後距傕等復來戰奉等大敗死者甚於東澗自東澗兵相連綴四十里中方得至陜乃結營自守時殘破之餘虎賁羽林不滿百人皆有離心承奉等夜乃潛議過河袁宏記曰傕氾繞營叫呼吏士失色各有分散意李樂懼欲令車駕御船過砥柱出盟津楊彪曰臣弘農人也自此以東有三十六灘非萬乘所當登宗正劉艾亦曰臣前爲陜令知其危險舊故河師猶時有傾危況今無師太尉所慮是也使李樂先度具舟船舉火爲應帝步出營臨河欲濟岸高十餘丈乃以絹縋而下縋音直類反餘人或匍匐岸側或從上自投死亡傷殘不復相知爭赴船者不可禁制董承以戈擊披之斷手指於舟中者可掬同濟唯皇后宋貴人宋貴人名都常山太守泓之女也見獻帝起居注楊彪董承及后父執金吾伏完等數十人其宮女皆爲傕兵所掠奪凍溺死

者甚衆既到大陽止於人家大陽縣屬河東郡前書音義曰在大河之陽也即今陝州大陽縣是也十三州記曰傅巖在其界今住穴存尚存然後幸李樂營百官飢餓河內太守張楊魏志曰楊字稚叔雲中人使數千人負米貢餉帝乃御牛車因都安邑河東太守王邑奉獻綿帛悉賦公卿以下封邑爲列侯邑字文都北地涇陽人鎮北將軍見同歲名拜胡才征東將軍張楊爲安國將軍皆假節開府其壘壁羣豎競求拜職刻印不給至乃以錐畫之或齎酒肉就天子燕飲魏志曰乘輿時居棘籬中門戶無關閉天子與羣臣會兵士伏籬上觀互相鎮壓以爲笑諸將或遣婢詣省閤或齎酒送天子侍中不通喧呼罵詈也又遣太僕韓融至弘農與傕汜等連和傕乃放遣公卿百官頗歸宮人婦女及乘輿器服初帝入關三輔戶口尚數十萬自傕汜相攻天子東歸後長安城空四十餘日彊者四散羸者相食二三年閒關中無復人跡建安元年春諸將爭權韓暹遂攻董承承奔張楊楊乃使承先繕修洛宮七月帝還至洛陽幸楊安殿張楊以爲己功故因以楊名殿獻帝起居注曰舊時宮殿悉壞倉卒之際拾撫故瓦材木工匠無法度之制所

作竝無足觀也乃謂諸將曰天子當與天下共之朝廷自有公卿大臣楊當出扞外難何事京師遂還野王楊奉亦出屯梁乃㠯張楊爲大司馬楊奉爲車騎將軍韓暹爲大將軍領司隸校尉皆假節鉞暹與董承竝留宿衞暹矜功恣睢恣睢自任用之貌睢音火季反干亂政事董承患之潛召兗州牧曹操操乃詣闕貢獻稟公卿㠯下因奏韓暹張楊之罪暹懼誅單騎奔楊奉帝㠯暹楊有翼車駕之功詔一切勿問於是封衞將軍董承輔國將軍伏完等十餘人爲列侯贈沮儁爲弘農太守袁宏紀曰誅議郎侯祈尚書馮碩侍中壺崇討有罪也封衞將軍董承輔國將軍伏完侍中丁沖种輯尚書僕射鍾繇尚書郭溥御史中丞董芬彭城相劉艾馮翊韓斌東郡太守楊衆議郎羅邵伏德趙蕤爲列侯賞有功也贈射聲校尉沮儁爲弘農太守旌死節也曹操㠯洛陽殘荒遂移帝幸許楊奉韓暹欲要遮車駕不及曹操擊之獻帝春秋曰車駕出洛陽自轘轅而東楊奉韓暹引軍追之輕騎既至操設伏兵要于陽城山狹中大敗之奉暹奔袁術遂縱暴揚徐閒明年左將軍劉備誘奉斬之暹懼走還并州道爲人所殺九州春秋曰暹失奉孤特與千餘騎欲歸并州爲張宣所殺胡才李樂

留河東才爲怨家所害樂自病死張濟飢餓出至南陽攻穰戰死郭汜爲其將伍習所殺三年使謁者僕射裴茂詔關中諸將段煨等討李傕夷三族典略曰傕頭至有詔高縣之以段煨爲安南將軍封閿鄉侯閿鄉今虢州縣也說文閿今作閺流俗誤也四年張楊爲其將楊醜所殺魏志曰楊素與呂布善曹公之圍布楊欲救之不能乃出兵東市遙爲之勢其將楊醜殺楊以應曹公以董承爲車騎將軍開府自都許之後權歸曹氏天子總己百官備員而已帝忌操專偪乃密詔董承使結天下義士共誅之承遂與劉備同謀未發會備出征承更與偏將軍王服長水校尉种輯議郎吳碩結謀事泄承服輯碩皆爲操所誅韓遂與馬騰自還涼州更相戰爭乃下隴據關中操方事河北慮其乘間爲亂七年乃拜騰征南將軍遂征西將軍並開府後徵段煨爲大鴻臚病卒復徵馬騰爲衞尉封槐里侯騰乃應召而留子超領其部曲十六年超與韓遂舉關中背曹操操擊破之遂超敗走騰坐夷三

族超攻殺涼州刺史韋康太僕端之子也弟誕魏光祿大夫復據隴右十九年天水人楊阜破超魏志曰阜字義山天水冀人也韋康以爲別駕馬超率萬餘人攻冀城阜率國士大夫及宗族子弟勝兵者千餘人使弟岳於城上作偃月營與超接戰自正月至八月拒守而救兵不至超入拘岳於冀殺刺史太守阜內有報超之志而未得其便外兄姜敘屯歷城阜少長詣敘家見敘母說前在冀中時事歔欷悲甚敘曰何爲耳阜曰守城不能完君亡不能死亦何面目以視息天下時敘母慨然勑從阜計超聞阜等兵起自將出襲歷城得敘母罵之曰若背父之逆子弑君之桀賊天地豈久容敢以面目視人乎超怒殺之阜與戰身被五創宗族昆弟死者七人超遂南奔張魯超奔漢中降劉備蜀志曰超字孟起既奔漢中聞備圍劉璋於成都密書請降備遣迎超將兵徑到城下城中震怖璋卽稽首韓遂走金城羌中爲其帳下所殺初隴西人宗建在枹罕自稱河首平漢王建以居河上流故稱河首也署置百官三十許年曹操因遣夏侯淵擊建斬之涼州悉平魏志曰淵字妙才沛國人也爲征西護軍魏太祖使帥諸將討建拔之

論曰董卓初以虓闞爲情詩大雅曰闞如虓虎毛傳曰虎怒之貌也因遭崩剝之埶剝猶亂也左傳曰天實剝亂故得蹈藉彝倫毀裂畿服彝常也倫理也書云我不知其彝倫攸敘左傳曰裂冠毀冕畿謂王畿也服九服也夫以刳肝斮趾之性刳剖也斮斬也紂刳剔孕婦剖比干之心斮朝涉之脛則羣生不足以厭其快然猶折意縉紳遲疑陵奪折曲也謂忍性屈情擢用鄭泰蔡邕何顒荀爽等尚有盜竊之道焉莊子跖之徒問於跖

日盜亦有道乎跖曰何適無有邪夫妄意室中之藏聖也入先勇也出後義也知可否智也分均仁也五者不備而能成大盜者天下未之有也及殘寇乘之倒山傾海殘寇謂傕汜等崑岡之火自茲而焚書曰火炎崑岡玉石俱焚版蕩之篇於焉而極詩大雅曰上帝版版下人卒癉毛萇注云版反也癉病也言厲王爲政反先王之道下人盡病也又蕩之什曰蕩蕩上帝下人之辟疾威上帝其命多辟鄭玄注云蕩蕩法度廢壞之貌嗚呼人之生也難矣左傳曰人生實難其有不獲死乎天地之不仁甚矣老子曰天地不仁以萬物爲芻狗

贊曰百六有會前書音義曰四千五百歲爲一元一元之中有九戹陽戹五陰戹四陽爲旱陰爲水初入元百六歲有陽戹故曰百六之會過剝成災易曰大過棟橈本末弱也剝不利有攸往小人長也董卓滔天干逆三才滔漫也尚書曰象龔滔天方夏崩沸方四方夏華夏也詩小雅云百川沸騰山冢崒崩皇京烟埃無禮雖及餘祲遂廣左傳曰多行無禮必自及矢延王輅兵纏魏象周禮巾車氏掌王之五輅纏遶也魏象闕也區服傾回人神波蕩

董卓列傳第六十二

後漢書七十二

劉虞公孫瓚陶謙列傳第六十三　後漢書七十三

唐章懷太子賢注

劉虞字伯安東海郯人也謝承書曰虞父舒丹陽太守虞通五經東海恭王之後祖父嘉光祿勳虞初舉孝廉稍遷幽州刺史民夷感其德化自鮮卑烏桓夫餘穢貊之輩皆隨時朝貢無敢擾邊者百姓歌悅之公事去官中平初黃巾作亂攻破冀州諸郡拜虞甘陵相綏撫荒餘以蔬儉率下遷宗正後車騎將軍張溫討賊邊章等發幽州烏桓三千突騎而牢稟逋懸皆畔還本國前書音義曰牢賈直也稟食也言軍糧不續也前中山相張純私謂前太山太守張舉曰今烏桓既畔皆願為亂涼州賊起朝廷不能禁又洛陽人妻生子兩頭此漢祚衰盡天下有兩主之徵也子若與吾共率烏桓之眾以起兵庶幾可定大業舉因然之四年純等遂與烏桓大人共連盟攻薊下燔燒城郭虜略百姓殺護烏桓校尉箕稠右

北平太守劉政遼東太守楊終等眾至十餘萬屯肥如肥如縣屬遼西郡故城在今平州舉稱天子純稱彌天將軍安定王移書州郡云舉當代漢告天子避位勑公卿奉迎純又使烏桓峭王等峭音七笑反步騎五萬入青冀二州攻破清河平原殺害吏民朝廷以虞威信素著恩積北方明年復拜幽州牧虞到薊罷省屯兵務廣恩信遣使告峭王等以朝恩寬弘開許善路又設賞購舉純舉純走出塞餘皆降散純為其客王政所殺送首詣虞靈帝遣使者就拜太尉封容丘侯容丘縣屬東海郡及董卓秉政遣使者授虞大司馬進封襄賁侯初平元年復徵代袁隗為太傅道路隔塞王命竟不得達舊幽部應接荒外資費甚廣歲常割青冀賦調二億有餘以給足之時處處斷絶委輸不至而虞務存寬政勸督農植開上谷朝市之利通漁陽鹽鐵之饒民悅年登穀石三十青徐士庶避黃巾之難歸虞者百餘萬口皆收

視溫恤爲安立生業流民皆忘其遷徙虞雖爲上公天性節約敝衣繩履食無兼肉遠近豪俊夙僭奢者莫不改操而歸心焉夙猶舊也初詔令公孫瓚討烏桓受虞節度瓚但務會徒眾以自強大而縱任部曲頗侵擾百姓而虞爲政仁愛念利民物由是與瓚漸不相平二年冀州刺史韓馥勃海太守袁紹及山東諸將議以朝廷幼沖逼於董卓時獻帝年十歲遠隔關塞不知存否以虞宗室長者欲立爲主乃遣故樂浪太守張岐等齎議上虞尊號虞見岐等厲色叱之曰今天下崩亂主上蒙塵左傳曰周襄王出奔于鄭魯臧文仲曰天子蒙塵于外吾被重恩未能清雪國恥諸君各據州郡宜共戮力說文曰戮力并力也左傳曰戮力同心音力尚反又音六盡心王室而反造逆謀以相垢誤邪固拒之馥等又請虞領尚書事承制封拜復不聽遂收斬使人於是選掾右北平田疇從事鮮于銀魏志曰田疇字子春右北平無終人好讀書善擊劍劉虞署爲從事太祖北征烏桓令疇將眾止徐無出盧龍歷平剛登白狼堆去柳城二百餘里虜乃驚太祖與戰大斬獲論功封疇疇上疏自陳太祖令夏侯惇喻之疇曰豈可賣

（盧龍塞以易賞祿哉）蒙險閒行奉使長安獻帝既思東歸見疇等大悅時虞子和爲侍中因此遣和潛從武關出告虞將兵來迎道由南陽後將軍袁術聞其狀遂質和使報虞遣兵俱西虞乃使數千騎就和奉迎天子而術竟不遣之初公孫瓚知術詐固止虞遣兵虞不從瓚乃陰勸術執和使奪其兵自是與瓚仇怨益深和尋得逃術還北復爲袁紹所留瓚既累爲紹所敗而猶攻之不已虞患其黷武（黷猶慢也數也尚書曰黷于祭祀也）且慮得志不可復制固不許行而稍節其稟假瓚怒屢違節度又復侵犯百姓虞所賚賞典當胡夷（當音丁浪反）瓚數抄奪之積不能禁乃遣驛使奉章陳其暴掠之罪瓚亦上虞稟糧不周二奏交馳互相非毀朝廷依違而已瓚乃築京於薊城以備虞（京高丘也言高築丘壘以備虞焉解見獻帝紀）虞數請瓚輒稱病不應虞乃密謀討之以告東曹掾右北平魏攸攸曰今天下引領以公爲歸謀臣爪牙不可無也瓚文武

才力足恃雖有小惡固宜容忍虞乃止頃之攸卒而積忿不已四年冬遂自率諸屯兵衆合十萬人以攻瓚將行從事代郡程緒免冑而前曰公孫瓚雖有過惡而罪名未正明公不先告曉使得改行而兵起蕭牆非國之利加勝敗難保不如駐兵以武臨之瓚必悔禍謝罪所謂不戰而服人者也虞以緒臨事沮議遂斬之以徇戒軍士曰無傷餘人殺一伯珪而已時州從事公孫紀者瓚以同姓厚待遇之紀知虞謀而夜告瓚瓚時部曲放散在外倉卒自懼不免乃掘東城欲走虞兵不習戰又愛人廬舍勑不聽焚燒急攻圍不下瓚乃簡募銳士數百人因風縱火直衝突之虞遂大敗與官屬北奔居庸縣（居庸縣屬上谷郡有關）瓚追攻之三日城陷遂執虞并妻子還薊猶使領州文書會天子遣使者段訓增虞封邑督六州事拜瓚前將軍封易侯假節督幽并青冀瓚乃誣虞前與袁紹等欲稱尊

號脅訓斬虞於薊市先坐而呪曰若虞應爲天子者天當風雨以相救時旱埶炎盛遂斬焉傳首京師故吏尾敦於路劫虞首歸葬之尾敦姓名瓚乃上訓爲幽州刺史虞以恩厚得衆懷被北州百姓流舊莫不痛惜焉初虞以儉素爲操冠敝不改乃就補其穿及遇害瓚兵搜其內而妻妾服羅紈盛綺飾時人以此疑之和後從袁紹報瓚云

公孫瓚字伯珪遼西令支人也令音力定反支音巨移反家世二千石瓚以母賤遂爲郡小吏爲人美姿貌大音聲言事辯慧典略曰瓚性辯慧每白事常兼數曹無有忘誤太守奇其才以女妻之魏志曰侯太守妻之以女後從涿郡盧植學於緱氏山中略見書傳舉上計吏太守劉君坐事檻車徵官法不聽吏下親近瓚乃改容服詐稱侍卒身執徒養御車到洛陽太守當徙日南瓚具豚酒於北芒上祭辭先人酹觴祝曰昔爲人子今爲人臣當詣日南日南

多瘴氣恐或不還便當長辭墳塋慷慨悲泣再拜而去觀者莫不歎息既行於道得赦瓚還郡舉孝廉除遼東屬國長史嘗從數十騎出行塞下卒逢鮮卑數百騎瓚乃退入空亭約其從者曰今不奔之則死盡矣乃自持兩刃矛馳出衝賊殺傷數十人瓚左右亦亡其半遂得免中平中以瓚督烏桓突騎車騎將軍張溫討涼州賊（賊即邊章等）會烏桓反畔與賊張純等攻擊薊中瓚率所領追討純等有功遷騎都尉張純復與畔胡丘力居等寇漁陽河閒勃海入平原多所殺略瓚追擊戰於屬國石門（石門山名在今營州柳城縣西南）虜遂大敗棄妻子踰塞走悉得其所略男女瓚深入無繼反為丘力居等所圍於遼西管子城二百餘日糧盡食馬馬盡煑弩楯力戰不敵乃與士卒辭訣各分散還時多雨雪墜阬死者十五六虜亦飢困遠走柳城詔拜瓚降虜校尉封都亭侯復兼領屬國長史職統戎馬連接

邊寇每聞有驚瓚輒厲色憤怒如赴讎敵望塵奔逐或繼之以夜戰虜識瓚聲憚其勇莫敢抗犯瓚常與善射之士數十人皆乘白馬以爲左右翼自號白馬義從烏桓更相告語避白馬長史乃畫作瓚形馳騎射之中者咸稱萬歲虜自此之後遂遠竄塞外瓚志埽滅烏桓而劉虞欲以恩信招降由是與虞相忤初平二年青徐黃巾三十萬衆入勃海界欲與黑山合瓚率步騎二萬人逆擊於東光南大破之東光今滄州縣斬首三萬餘級賊棄其車重數萬兩奔走渡河瓚因其半濟薄之賊復大破死者數萬流血丹水收得生口七萬餘人車甲財物不可勝算威名大震拜奮武將軍封薊侯瓚旣諫劉虞遣兵就袁術而懼術知怨之乃使從弟越將千餘騎詣術自結術遣越隨其將孫堅擊袁紹將周昕越爲流矢所中死瓚因此怒紹遂出軍屯槃河將以報紹槃卽爾雅九河鉤槃之河也其枯河在今滄州樂陵縣東南乃上疏曰

臣聞皇義已來君臣道著張禮以導人設刑以禁暴今車騎將軍袁紹託承先軌爵任崇厚而性本淫亂情行浮薄昔爲司隸值國多難太后承攝何氏輔朝（謂何進也）紹不能舉直措枉而專爲邪媚招來不軌疑誤社稷至令丁原焚燒孟津（續漢書曰何進欲誅中常侍趙忠等進乃詐令武猛都尉丁原放兵數千人爲賊於河內稱黑山伯上事以誅忠等爲辭燒平陰河津莫府人舍以怖動太后）董卓造爲亂始紹罪一也卓既無禮帝主見質紹不能開設權謀以濟君父而棄置節傳（傳音丁戀反）迸竄逃亡忝辱爵命背違人主紹罪二也紹爲勃海當攻董卓而默選戎馬不告父兄至使太傅一門纍然同斃不仁不孝紹罪三也（左傳曰兩釋纍囚杜預曰纍繫也前書音義曰諸不以罪死曰纍斃踣也董卓恨紹起兵山東乃誅紹叔父太傅隗及宗族在京師者盡誅滅之）紹既興兵涉歷二載不恤國難廣自封植乃多引資糧專爲不急割刻無方考責百姓其爲痛怨莫不咨嗟紹罪四也逼迫韓馥竊奪其州矯刻金玉以爲印璽每有所下輒皁囊施檢文稱詔書（漢官儀曰凡章表皆啟封其言密事得皁囊說文曰檢書署也今俗謂之排其字從

昔亡新僭侈漸以卽眞亡新王莽觀紹所擬將必階亂階梯也詩曰職爲亂階紹罪五也紹令星工伺望祥妖星工善星者賂遺財貨與共飲食剋會期日攻鈔郡縣此豈大臣所當施爲紹罪六也紹與故虎牙都尉劉勳首共造兵勳降服張楊累有功效而以小忿枉加酷害信用讒慝濟其無道紹罪七也故上谷太守高焉故甘陵相姚貢紹以貪惏惏音力含反橫責其錢錢不備畢二人并命紹罪八也春秋之義子以母貴公羊傳曰桓公幼而貴隱公長而卑子以母貴母以子貴也紹母親爲傳婢地實微賤據職高重享福豐隆有苟進之志無虛退之心紹罪九也又長沙太守孫堅前領豫州刺史遂能驅走董卓埽除陵廟忠勤王室其功莫大紹遣小將盜居其位斷絕堅糧不得深入使董卓久不服誅紹罪十也昔姬周政弱王道陵遲天子遷徙諸侯背畔故齊桓立柯會之盟春秋公會齊侯盟于柯公羊傳曰齊桓公之信著于天下自柯之盟始也晉文爲踐土之會踐土鄭地也左傳周襄王出居于鄭晉文公重耳爲踐土之會率諸侯朝天子以成霸功

伐荆楚以致菁茅菁茅靈茅以供祭祀也左傳曰僖四年齊桓伐楚責之曰爾貢苞茅不入王祭不供無以縮酒寡人是徵誅曹衛以章無禮左傳僖二十八年晉侯伐曹假道于衛衛人不許還自河南濟侵曹伐衛責其無禮也臣雖闒茸名非先賢闒猶下也茸細也闒音吐盍反茸音人勇反蒙被朝恩負荷重任職在鈇鉞奉辭伐罪鈇音方于反莝刃也鉞斧也輒與諸將州郡共討紹等若大事克捷罪人斯得尚書周公東征三年罪人斯得庶續桓文忠誠之效遂舉兵攻紹於是冀州諸城悉畔從瓚紹懼乃以所佩勃海太守印綬授瓚從弟範遣之郡欲以相結而範遂背紹領勃海兵以助瓚瓚乃自署其將帥為青冀兗三州刺史又悉置郡縣守令與紹大戰於界橋橋名解見獻帝紀瓚軍敗還薊紹遣將崔巨業將兵數萬攻圍故安不下退軍南還瓚將步騎三萬人追擊於巨馬水水在幽州歸義縣界自易州遒縣界流入大破其眾死者七八千人乘勝而南攻下郡縣遂至平原乃遣其青州刺史田揩據有齊地紹復遣兵數萬與揩連戰二年糧食並盡士卒疲困互掠百姓野無青草左傳齊侯伐魯魯語展喜曰室如懸磬野無青草

何恃而不恐紹乃遣子譚爲青州刺史楷與戰敗退還是歲瓚破禽劉虞盡有幽州之地猛志益盛前此有童謡曰燕南垂趙北際中央不合大如礪唯有此中可避世瓚自以爲易地當之遂徙鎭焉前書易縣屬涿郡續漢志曰屬河閒瓚所居易京故城在今幽州歸義縣南十八里乃盛修營壘樓觀數十臨易河通遼海劉虞從事漁陽鮮于輔等合率州兵欲共報瓚輔以燕國閻柔素有恩信推爲烏桓司馬柔招誘胡漢數萬人與瓚所置漁陽太守鄒丹戰于潞北斬丹等四千餘級烏桓峭王感虞恩德率種人及鮮卑七千餘騎共輔南迎虞子和與袁紹將麴義合兵十萬共攻瓚興平二年破瓚於鮑丘鮑丘水名也又名路水在今幽州漁陽縣斬首二萬餘級瓚遂保易京開置屯田稍得自支相持歲餘麴義軍糧盡士卒飢困餘衆數千人退走瓚徼破之盡得其車重是時旱蝗穀貴民相食瓚恃其才力不恤百姓記過忘善睚眦必報州里善士名在其右者必以法

害之常言衣冠皆自㠯職分富貴不謝人惠故所寵愛類多商販庸兒所在侵暴百姓怨之於是代郡廣陽上谷右北平各殺瓚所置長吏復與輔和兵合瓚慮有非常乃居於高京㠯鐵爲門斥去左右男人七歲㠯上不得入易門專侍姬妾其文簿書記皆汲而上之令婦人習爲大言聲使聞數百步㠯傳宣教令疎遠賓客無所親信故謀臣猛將稍有乖散自此之後希復攻戰或問其故瓚曰昔我驅畔胡於塞表埽黃巾於孟津當此之時謂天下指麾可定九州春秋曰瓚曰始天下兵起我謂唾手而決至於今日兵革方始觀此非我所決不如休兵力耕㠯救凶年兵法百樓不攻今吾諸營樓樐千里樐卽櫓字見說文釋名曰櫓露也上無覆室積穀三百萬斛食此足㠯待天下之變建安三年袁紹復大攻瓚瓚遣子續請救於黑山諸帥而欲自將突騎直出傍西山㠯斷紹後長史關靖諫曰今將軍將士莫不懷瓦解之心所㠯猶能相

守者顧戀其老小而恃將軍爲主故耳堅守曠日或可使紹自退若舍之而出後無鎭重易京之危可立待也瓚乃止紹漸相攻逼瓚衆日蹙乃却築三重營㠯自固四年春黑山賊帥張燕與續率兵十萬三道來救瓚未及至瓚乃密使行人齎書告續曰昔周末喪亂僵屍蔽地㠯意而推猶爲否也不圖今日親當其鋒袁氏之攻狀若鬼神梯衝舞吾樓上鼓角鳴於地中日窮月急不遑啟處鳥厄歸人滀水陵高（滀音丑六反喻急也）汝當碎首於張燕馳騾㠯告急父子天性不言而動（言相感也）且厲五千鐵騎於北隰之中（下溼曰隰）起火爲應吾當自內出奮揚威武決命於斯不然吾亡之後天下雖廣不容汝足矣紹候得其書（獻帝春秋候者得書紹使陳琳易其辭即此書）如期舉火瓚㠯爲救至遂便出戰紹設伏瓚遂大敗復還保中小城自計必無全乃悉縊其姊妹妻子然後引火自焚紹兵趣登臺斬之關靖見瓚敗歎恨曰前若不

止將軍自行未必不濟吾聞君子陷人於危必同其難豈可以獨生乎乃策馬赴紹軍而死續為屠各所殺屠各胡號田楷與袁紹戰死鮮于輔將其眾歸曹操操以輔為度遼將軍封都亭侯閻柔將部曲從曹操擊烏桓拜護烏桓校尉封關內侯張燕既為紹所敗人眾稍散曹操將定冀州乃率眾詣鄴降拜北平將軍封安國亭侯

論曰自帝室王公之胄皆生長脂腴不知稼穡其能厲行飭身卓然不羣者或未聞焉前書班固曰夫唯大雅卓爾不羣者河閒獻王之謂歟故論引焉劉虞守道慕名以忠厚自牧牧養也易曰卑以自牧美哉乎季漢之名宗子也若虞瓚無閒同情共力糾人完聚稸保燕薊之饒糾收也繕兵昭武繕修也左傳曰繕甲兵以臨羣雄之隙合諸天運徵乎人文則古之休烈何遠之有天運猶天命也人文猶人事也易曰觀乎人文以化成天下

陶謙字恭祖丹陽人也丹陽郡丹陽縣人也吳書曰陶謙父故餘姚長謙少孤始以不羈聞於縣中年十四猶綴帛為幡乘竹馬而戲邑中兒童皆隨之故蒼梧太守同縣甘公出遇之見其容貌異而呼之與語甚悅許妻以女甘夫人怒曰陶家兒遨戲無度於何以女許之甘公曰彼有奇表長必大成遂與之少為諸生

仕州郡吳書曰陶謙察孝廉拜尚書郎除舒令郡太守張磐同郡先輩與謙父友謙恥爲之屈嘗舞屬謙謙不爲起固強之乃舞舞又不轉磐曰不當轉邪曰不可轉轉則勝人四遷爲車騎將軍張溫司馬西討邊章會徐州黃巾起吕謙爲徐州刺史擊黃巾大破走之境內晏然時董卓雖誅而李傕郭汜作亂關中是時四方斷絕謙每遣使閒行奉貢西京詔遷爲徐州牧加安東將軍封溧陽侯溧陽今宣州縣也溧音栗是時徐方百姓殷盛穀實甚豐流民多歸之而謙信用非所刑政不理別駕從事趙昱知名士也而吕忠直見疏出爲廣陵太守謝承書曰謙奏昱茂才遷爲太守曹宏等讒慝小人謙甚親任之良善多被其害由斯漸亂下邳闕宣自稱天子謙始與合從後遂殺之而并其衆初曹操父嵩避難琅邪時謙別將守陰平縣名屬東海國故城在沂州承縣西南士卒利嵩財寶遂襲殺之初平四年曹操擊謙破彭城傅陽縣名屬彭城國本春秋時偪陽也楚宣王滅宋改曰傅陽故城在今沂州承縣南謙退保郯操攻之不能克乃還過拔取慮睢陵夏丘皆屠之取慮音秋閭縣名屬下邳郡故城在今泗州下邳縣西南睢陵縣在下邳東南夏丘縣屬沛郡故城

今泗州虹縣是凡殺男女數十萬人雞犬無餘泗水爲之不流自是五縣城保無復行迹初三輔遭李傕亂百姓流移依謙者皆殲殲盡也左傳曰門官殲焉興平元年曹操復擊謙略定琅邪東海諸縣謙懼不免欲走歸丹陽會張邈迎呂布據兖州操還擊布是歲謙病死初同郡人笮融笮音側格反聚衆數百往依於謙謙使督廣陵下邳彭城運糧遂斷三郡委輸大起浮屠寺浮屠佛也解見西羌傳上累金盤下爲重樓又堂閣周回可容三千許人作黃金塗像衣以錦綵每浴佛輒多設飲飯布席於路其有就食及觀者且萬餘人獻帝春秋曰融敷席方四五里費以巨萬及曹操擊謙徐方不安融乃將男女萬口馬三千匹走廣陵廣陵太守趙昱待以賓禮融利廣陵資貨遂乘酒酣殺昱放兵大掠因以過江南奔豫章殺郡守朱皓入據其城後爲楊州刺史劉繇所破走入山中爲人所殺昱字元達琅邪人清己疾惡潛志好學雖親友希得見之爲人耳不

邪聽目不妄視太僕种拂舉爲方正

贊曰襄賁厲德維城燕北厲勉也仁能洽下忠已衞國伯珪疏獷武才趫猛趫音去驕反虞好無終紹埶難並徐方殲耗實謙爲梗

劉虞公孫瓚陶謙列傳第六十三

袁紹列傳第六十四上 子譚

後漢書七十四上

唐章懷太子賢注

袁紹字本初汝南汝陽人司徒湯之孫父成五官中郎將袁山松書曰紹司空逢之孽子出後伯父成魏書亦同英雄記成字文開與梁冀結好言無不從京師諺曰事不諧問文開紹壯健好交結大將軍梁冀已下莫不善之紹少爲郎除濮陽長遭母憂去官三年禮竟追感幼孤又行父服英雄記曰凡在冢廬六年服闋徙居洛陽紹有姿貌威容愛士養名英雄記曰紹不妄通賓客非海內知名不得相見又好游俠與張孟卓何伯求吳子卿許子遠皆爲奔走之友既累世台司賓客所歸加傾心折節莫不爭赴其庭士無貴賤與之抗禮輜軿柴轂填接街陌說文曰軿車衣車也鄭玄注周禮曰軿猶屏也取其自蔽隱柴轂賤者之車內官皆惡之中常侍趙忠言於省內曰袁本初坐作聲價好養死士不知此兒終欲何作叔父太傅隗聞而呼紹以忠言責之紹終不改後辟大將軍何進掾爲侍御史虎賁中郎將中平五年初置西園八校尉以紹爲佐軍校尉樂資山陽公載記曰小黃門蹇

碩爲上軍校尉虎賁中郎將袁紹爲中軍校尉屯騎校尉鮑鴻爲下軍校尉議郎曹操爲典軍校尉趙融爲助軍左校尉馮芳爲助軍右校尉諫議大夫夏牟爲左校尉淳于瓊爲右校尉凡八人謂之西園軍皆統於碩。此云佐軍與彼文不同靈帝崩紹勸何進徵董卓等衆軍脅太后誅宦官轉紹司隸校尉語已見何進傳及卓將兵至騎都尉太山鮑信說紹曰魏書曰信太山陽平人也少有大節寬厚愛人沈毅有謀說紹不從乃引軍還鄉里董卓擁制彊兵將有異志今不早圖必爲所制其新至疲勞襲之可禽也紹畏卓不敢發頃之卓議欲廢立謂紹曰天下之主宜得賢明每念靈帝令人憤毒毒恨也董侯似可今當立之紹曰今上富於春秋未有不善宣於天下若公違禮任情廢嫡立庶恐衆議未安卓按劒叱紹曰豎子敢然天下之事豈不在我我欲爲之誰敢不從紹詭對曰此國之大事請出與太傅議之卓復言劉氏種不足復遺紹勃然曰天下健者豈惟董公橫刀長揖徑出英雄記曰紹揖卓去坐中驚愕卓新至見紹大家故不敢害懸節於上東門洛陽城東面北頭門也山陽公載記曰卓以袁紹棄節改第一葆爲赤旄而奔冀州董卓購募求紹時侍中周珌城門校尉伍瓊爲卓所信待瓊等陰爲紹說卓曰夫廢立大事非常人所及袁紹不達大體恐懼出奔非有它志今急購之埶必爲變袁氏樹恩四世門生故吏徧於天下若收豪傑以聚徒衆英雄因之而起則山東非公之有也不如赦之拜一郡守紹喜於免罪必無患矣卓以爲然乃遣授紹勃海太守封邟鄉侯前書潁川有周承休侯國元帝置元始二年更名邟音口浪反紹猶稱兼司隸初平元年紹遂以勃海起兵以從弟後將軍術冀州牧韓馥馥字文節潁川人也豫州刺史孔伷兗州刺史劉岱陳留太守張邈廣陵太守張超河內太守王匡山陽太守袁遺東郡太守橋瑁英雄記曰孔伷字公緒陳留人也王匡字公節泰山人也袁遺字伯業紹從弟術字公路汝南汝陽人也橋瑁字元瑋橋玄族子先爲兗州刺史甚有威惠魏氏春秋云劉岱惡而殺之濟北相鮑信等同時俱起衆各數萬以討卓爲名紹與王匡屯河內伷屯潁川馥屯鄴餘軍咸屯酸棗約盟遙推紹爲盟主紹自號車騎將軍領司隸校尉董卓聞紹起山東乃誅紹叔父隗及宗族在京

師者盡滅之獻帝春秋曰太傅袁隗太僕袁基術之母兄卓使司隸宣璠盡口收之母及姊妹嬰孩以上五十餘人下獄死卓別傳曰悉埋青城門外東都門內而加書焉又恐有盜取者復以屍送郿藏之卓乃遣大鴻臚韓融少府陰循執金吾胡毋班將作大匠吳循越騎校尉王瓌譬解紹等諸軍紹使王匡殺班瓌吳循等海內先賢傳曰韓融字元長潁川人楚國先賢傳曰陰循字元基南陽新野人也漢末名士錄曰胡毋班字季友泰山人名在八廚謝承書曰班王匡之妹夫匡受紹旨收班繫獄欲殺以徇軍班與匡書略曰足下拘僕於獄欲以釁鼓此何悖暴無道之甚者也僕與董卓何親戚義豈同惡足下張虎狼之口吐長蛇之毒恚卓遷怒何其酷哉死者人之所難然恥為狂夫所害若亡者有靈當訴足下於皇天夫婚姻者禍福之幾今日著矣曩為一體今為血讎亡人二女則君之甥身沒之後慎勿令臨僕尸骸匡得書抱班二子哭班遂死於獄袁術亦執殺陰循惟韓融㠯名德免是時豪傑既多附紹且感其家禍人思為報州郡蜂起莫不㠯袁氏為名韓馥見人情歸紹忌其得眾恐將圖己常遣從事守紹門不聽發兵橋瑁乃詐作三公移書傳驛州郡說董卓罪惡天子危逼企望義兵㠯釋國難馥於是方聽紹舉兵乃謀於眾曰助袁氏乎助董氏乎治中劉惠勃然曰興兵為國安問袁董英雄記曰劉子惠中山人兖州刺史劉岱與其書道卓無道天下所共攻死在旦暮不足為憂但卓死之後當復回師討文節擁強兵何凶逆寧可得置封書

與馥馥得此大懼歸告子惠欲斬之別駕從事耿武等排閤伏子惠上願并見斬得不死作徒被赭衣掃除宮門外馥意猶深疑於紹每貶節軍糧欲使離散明年馥將麴義反畔馥與戰失利紹既恨馥乃與義相結紹客逢紀謂紹曰英雄記曰紀字元圖初紹去董卓與許攸及紀俱詣冀州以紀聰達有計策甚親信之逢音龐夫舉大事非據一州無以自立今冀部強實而韓馥庸才可密要公孫瓚將兵南下馥聞必駭懼并遣辯士爲陳禍福馥迫於倉卒必可因據其位紹然之益親紀卽以書與瓚瓚遂引兵而至外託董卓而陰謀襲馥紹乃使外甥陳留高幹及潁川荀諶等魏志云諶荀彧之弟說馥曰公孫瓚乘勝來南而諸郡應之袁車騎引軍東向其意未可量也竊爲將軍危之馥懼曰然則爲之奈何諶曰君自料寬仁容衆爲天下所附孰與袁氏馥曰不如也臨危吐決智勇邁於人又孰與袁氏馥曰不如也世布恩德天下家受其惠又孰與袁氏馥曰不如也諶曰勃海雖郡其實州也言土廣也今將軍資三不如之埶久處其

上袁氏一時之傑必不爲將軍下也且公孫提燕代之卒其鋒不可當夫冀州天下之重資若兩軍并力兵交城下危亡可立而待也夫袁氏將軍之舊且爲同盟當今之計莫若舉冀州以讓袁氏必厚德將軍公孫瓚不能復與之爭矣是將軍有讓賢之名而身安於太山也願勿有疑馥素性恇怯因然其計馥長史耿武別駕閔純騎都尉沮授聞而諫曰獻帝傳曰沮授廣平人少有大志多謀略英雄記曰耿武字文威閔純字伯典後袁紹至馥從事十人棄馥去惟恐在後獨武純杖刀拒兵不能禁紹後令田豐殺此二人冀州雖鄙帶甲百萬穀支十年袁紹孤客窮軍仰我鼻息譬如嬰兒在股掌之上絕其哺乳立可餓殺奈何欲以州與之馥曰吾袁氏故吏且才不如本初度德而讓古人所貴諸君獨何病焉先是馥從事趙浮程渙將強弩萬人屯孟津聞之率兵馳還請以拒紹馥又不聽英雄記曰紹在朝歌淸水口浮等從後來船數百艘衆萬餘人整兵駭鼓過紹營紹甚惡之浮等到謂馥曰袁本初軍無斗糧各欲離散旬日之間必土崩瓦解明將軍但閉戶高枕何憂何懼乃避位出居中常侍趙忠故舍遣

子遂印綬以讓紹紹遂領冀州牧承制以馥爲奮威將軍而無所將御引沮授爲別駕因謂授曰今賊臣作亂朝廷遷移吾歷世受寵志竭力命興復漢室然齊桓非夷吾不能成霸句踐非范蠡無以存國今欲與卿勠力同心共安社稷將何以匡濟之乎授進曰將軍弱冠登朝播名海內值廢立之際忠義奮發單騎出奔董卓懷懼濟河而北勃海稽服稽音啓擁一郡之卒撮冀州之衆廣雅曰撮持也威陵河朔名重天下若舉軍東向則黃巾可埽還討黑山則張燕可滅黑山在今衞州衞縣西北九州春秋曰燕本姓褚黃巾賊起燕聚少年爲羣盜博陵張牛角亦起與燕合燕推牛角爲帥俱攻廮陶牛角爲飛矢所中被創且死大會其衆告曰必以燕爲帥牛角死衆奉燕故改姓張性剽悍捷速過人故軍中號曰飛燕其後人衆寖廣常山趙郡中山上黨河內諸山谷皆相通號曰黑山也回師北首則公孫必禽震脅戎狄則匈奴立定橫大河之北合四州之地四州見下收英雄之士擁百萬之衆迎大駕於長安復宗廟於洛邑號令天下誅討未服以此爭鋒誰能禦之比及數年其功不難紹喜曰此吾心也左傳秦伯曰是

吾心也卽表授爲奮武將軍使監護諸將魏郡審配鉅鹿田豐先賢行狀曰配字正南少忠烈慷慨有不可犯之節紹領冀州委腹心之任豐字元皓天姿瓌傑雄略多奇紹軍之敗也土崩奔走徒衆略盡軍將皆撫膺而泣曰向使田豐在此不至於是並以正直不得志於韓馥紹乃以豐爲別駕配爲治中甚見器任馥自懷猜懼辭紹索去英雄記曰紹以河內朱漢爲都官從事漢先時爲馥所不禮內懷忿恨且欲徼迎紹意擅發城郭兵圍守馥第拔刃登屋馥走上樓收得馥大兒搥折兩脚紹亦立收漢殺之馥猶憂怖故報紹索去往依張邈後紹遣使詣邈有所計議因共耳語馥時在坐謂見圖謀無何如廁自殺九州春秋曰至廁因以書刀自殺

其冬公孫瓚大破黃巾還屯槃河爾雅有九河鉤槃是其一也故河道在今德州昌平縣界入滄州樂陵縣今名枯槃河威震河北冀州諸城無不望風響應紹乃自擊之瓚兵三萬列爲方陳分突騎萬匹翼軍左右其鋒甚銳紹先令麴義領精兵八百彊弩千張以爲前登瓚輕其兵少縱騎騰之義兵伏楯下一時同發瓚軍大敗斬其所置冀州刺史嚴綱獲甲首千餘級麴義追至界橋九州春秋曰還屯廣宗界橋今貝州宗城縣東有古界城此城近枯漳水則界橋蓋當在此之側也瓚斂兵還戰義復破之遂到瓚營拔其牙門

眞人水鏡經曰凡軍始出立牙竿必令完堅若有折將軍不利牙門旗竿軍之精也卽周禮司常職云軍旅會同置旌門是也餘衆皆走紹在後十數里聞瓚已破發鞍息馬唯衞帳下强弩數十張大戟士百許人瓚散兵二千餘騎卒至圍紹數重射矢雨下田豐扶紹使卻入空垣紹脫兜鍪抵地曰大丈夫當前鬬死而反逃垣牆閒邪促使諸弩競發多傷瓚騎衆不知是紹頗稍引却會麴義來迎騎乃散退三年瓚又遣兵至龍湊挑戰紹復擊破之瓚遂還幽州不敢復出四年初天子遣太僕趙岐和解關東使各罷兵瓚因此以書譬紹曰趙太僕以周邵之德銜命來征宣揚朝恩示以和睦曠若開雲見日何喜如之昔賈復寇恂爭相危害遇世祖解紛遂同輿並出釁難既釋時人美之自惟邊鄙得與將軍共同斯好此誠將軍之羞而瓚之願也紹於是引軍南還三月上巳大會賓徒於薄落津歷法三月建辰巳卯退除可以拂除災也韓詩曰溱與洧方洹洹兮薛君注云鄭國之俗三月上巳之辰兩水之上招魂續魄拂除不祥故詩人願與所說者俱往也酈元水經注曰漳水經鉅鹿故城

西謂之落律續漢志慶陶縣有薄落亭聞魏郡兵反與黑山賊干毒等數萬人共覆鄴城殺郡守管子曰齊桓公築五鹿中牟鄴以衛諸侯坐中客家在鄴者皆憂怖失色或起而啼泣紹容貌自若不改常度獻帝春秋曰紹勸督引滿投壺言笑容貌自若賊有陶升者自號平漢將軍英雄記曰升故為內黃小吏獨反諸賊將部衆踰西城入閉府門具車重重輜重也載紹家及諸衣冠在州內者身自扞衛送到斥丘斥丘縣屬鉅鹿郡故城在今相州成安縣東南十三州志云土地斥鹵故曰斥丘紹還因屯斥丘以陶升為建義中郎將六月紹乃出軍入朝哥鹿腸山蒼巖谷口朝哥故城在今衛縣西續漢志曰朝哥有鹿腸山討干毒圍攻五日破之斬毒及其衆萬餘級紹遂尋山北行進擊諸賊左髭文八等皆斬之又擊劉石青牛角黃龍左校郭大賢李大目于氐根等復斬數萬級皆屠其屯壁遂與黑山賊張燕及四營屠各鴈門烏桓戰於常山燕精兵數萬騎數千匹連戰十餘日燕兵死傷雖多紹軍亦疲遂各退麴義自恃有功驕縱不軌紹召殺之而并其衆興平二

年拜紹右將軍其冬車駕爲李傕等所追於曹陽沮授說紹曰將軍累葉台輔世濟忠義今朝廷播越宗廟殘毁觀諸州郡雖外託義兵內實相圖未有憂存社稷䘏人之意且今州城粗定兵彊士附西迎大駕卽宮鄴都挾天子而令諸侯稸士馬以討不庭誰能禦之左傳周襄王出奔於鄭狐偃言於晉文公曰求諸侯莫如勤王諸侯信之且大義也繼文之業而信宣於諸侯今爲可矣文公從之納襄王遂成霸業紹將從其計潁川郭圖淳于瓊曰九州春秋圖字公則漢室陵遲爲日久矣今欲興之不亦難乎且英雄並起各據州郡連徒聚衆動有萬計所謂秦失其鹿先得者王史記曰蒯通曰秦失其鹿天下共追之高才者先得焉今迎天子動輒表聞從之則權輕違之則拒命非計之善者也授曰今迎朝廷於義爲得於時爲宜若不早定必有先之者焉夫權不失幾功不厭速願其圖之帝立旣非紹意竟不能從紹有三子譚字顯思熙字顯雍尚字顯甫譚長而惠尚少而美紹後妻劉有寵而偏愛尚數稱於紹紹亦奇其

妾容欲使傳嗣乃以譚繼兄後出爲青州刺史沮授諫曰世稱萬人逐兔一人獲之貪者悉止分定故也（愼子曰兔走於街百人追之貪人具存人莫之非者以兔爲未定分也積兔滿市過不能顧非不欲兔也分定之後雖鄙不爭子思子商君書並載其詞略同）且年均以賢德均則卜古之制也（左傳曰王后無嫡則擇立長年鈞以德德鈞以卜）願上惟先代成則之誡下思逐兔分定之義若其不改禍始此矣紹曰吾欲令諸子各據一州以視其能於是以中子熙爲幽州刺史外甥高幹爲并州刺史建安元年曹操迎天子都許乃下詔書於紹責以地廣兵多而專自樹黨不聞勤王之師而但擅相討伐紹上書曰臣聞昔有哀歎而霜隕（淮南子曰鄒衍事燕惠王盡忠左右譖之仰天而哭夏五月天爲降霜）悲哭而崩城者（齊莊公攻莒爲五乘之賓而杞梁獨不預歸而不食其母曰食汝生而無義死而無名則雖非五乘孰不汝笑生而有義死而有名則五乘之賓盡汝下也及與莒戰梁遂鬬殺二十七人而死妻聞而哭城爲之阤而隅爲之崩見說苑）每讀其書謂爲信然於今況之乃知妄作何者臣出身爲國破家立事至乃懷忠獲釁抱信見疑晝夜長吟剖肝泣血曾無崩城隕霜之應故鄒衍杞婦何能感

徹臣吕負薪之資負薪謂賤人也禮記曰問士之子長幼長曰能負薪矣幼曰未能負薪拔於陪隷之中陪重也左傳曰王臣公公臣卿卿臣大夫大夫臣士士臣皁皁臣隷隷臣僚僚臣僕僕臣臺又曰是無陪臺也陪隷猶陪臺奉職憲臺擢授戎校常侍張讓等滔亂天常侵奪朝威賊害忠德扇動姦黨故大將軍何進忠國疾亂義心赫怒吕臣頗有一介之節可責吕鷹犬之功故授臣吕督司諮臣吕方略臣不敢畏憚彊禦避禍求福與進合圖事無違異忠策未盡而元帥受敗元帥謂何進太后被質宮室焚燒陛下聖德幼沖親遭厄困時進既被害師徒喪沮臣獨將家兵百餘人抽戈承明竦劒翼室山陽公載記曰紹與王匡等并力入端門於承明堂上格殺中常侍高望等二人尚書曰延入翼室孔安國注翼明也室謂路寢虎叱群司奮擊凶醜曾不浹辰罪人斯殄浹帀也左傳曰浹辰之間杜預曰十二日也此誠愚臣效命之一驗也會董卓乘虚所圖不軌臣父兄親從並當大位謂叔隗爲太傅從兄基爲太僕不憚一室之禍苟惟寍國之義故遂解節出奔創謀河外河外河南時卓方貪結外援招悅英豪故卽臣勃海申吕軍號卽謂就拜也山陽公載記曰董卓以

紹爲前將軍封邟鄉侯紹受侯不受前將軍 則臣之與卓未有纖芥之嫌若使苟欲滑泥揚波偷榮求利滑混也楚詞滑其泥揚其波 則進可㠯享竊祿位退無門戶之患然臣愚所守志無傾奪故遂引會英雄興師百萬飲馬孟津歃血漳河獻帝春秋曰紹合冀州十郡守相衆數十萬登壇歃血盟曰賊臣董卓承漢室之微負兵甲之衆陵越帝城跨蹈王朝幽鴆太后戮殺弘農提挈幼主越遷秦地殘害朝臣斬刈忠良焚燒宮室烝亂宮人發掘陵墓虐及鬼神過惡烝皇天濁穢薰后土神祇怨恫無所憑恃兆人泣血無所控告仁賢之士痛心疾首義士奮發雲興霧合咸欲奉辭伐罪躬行天誅凡我同盟之後畢力致命以伐凶醜同獎王室翼戴天子有渝此盟神明是殛俾墜其師無克祚國 會故冀州牧韓馥懷挾逆謀欲專權埶絕臣軍糧不得踵係至使猾虜肆毒害及一門尊卑大小同日并戮鳥獸之情猶知號呼禮記曰凡生天地之間者有血氣之屬必有知有知之屬莫不知愛其類今見夫鳥獸則失喪其羣匹越月踰時焉則必反巡過其故鄉翔回焉鳴號焉蹢躅焉踟蹰焉然後乃能去之小者至於燕爵猶有啁噍之頃焉然後乃能去之 臣所㠯蕩然忘哀貌無隱戚者隱憂也 誠㠯忠孝之節道不兩立顧私懷己不能全功斯亦愚臣破家殉國之二驗也又黃巾十萬焚燒青兗黑山張楊蹈藉冀域臣乃旋師奉辭伐畔金鼓未震狡敵知亡故韓馥懷懼謝咎歸土張楊

黑山同時乞降臣時輒承制竊比竇融㠯議郎曹操權領兗州牧竇融行西河五郡大將軍事以梁統爲武威太守會公孫瓚師旅南馳陸掠北境臣卽星駕席捲與瓚交鋒假天之威每戰輒克臣備公族子弟生長京輦頗聞俎豆不習干戈加自乃祖先臣㠯來世作輔弼咸㠯文德盡忠得免罪戾臣非與瓚角戎馬之埶爭戰陣之功者也誠㠯賊臣不誅春秋所貶公羊傳曰趙盾弒其君夷皋弒者趙穿也曷爲加之趙盾不討賊也趙盾曰天乎予無辜史曰爾爲仁爲義人弒爾君而復國不討賊非弒如何苟云利國專之不疑左傳曰苟利社稷專之可也故冒踐霜雪不憚劬勤實庶一捷之福㠯立終身之功社稷未定臣誠恥之太僕趙岐銜命來征宣陛下含弘之施蠲除細故與下更新奉詔之日引師南轅左傳曰令尹南轅反旆杜預曰回軍南向是臣畏怖天威不敢怠慢之三驗也又臣所上將校率皆清英宿德令名顯達登鋒履刃死者過半勤恪之功不見書列而州郡牧守競盜聲名懷持二端優游顧望皆列土錫圭跨州連郡是㠯遠近

狐疑議論紛錯者也臣聞守文之世德高者位尊倉卒之時功多者賞厚陛下播越非所洛邑之祀海內傷心志士憤惋是以忠臣肝腦塗地肌膚橫分而無悔心者義之所感故也今賞加無勞以攜有德（攜離也）杜黜忠功以疑衆望斯豈腹心之遠圖將乃讒慝之邪說使之然也臣爵爲通侯位二千石殊恩厚德臣旣叨之豈敢闚覬重禮以希彤弓玈矢之命哉（左氏傳曰王命尹氏策晉文公爲侯伯賜之大路之服戎路之服彤弓一彤矢百玈弓十玈矢千）誠傷偏裨列校勤不見紀盡忠爲國翻成重愆斯蒙恬所以悲號於邊獄（史記曰胡亥遣使者殺蒙恬恬不肯死使者即以屬吏繫於陽周恬喟然太息曰恬罪當死矣起臨洮屬之遼東城萬餘里此其中不能無絕地脈此乃恬之罪也遂吞藥自殺）白起歔欷於杜郵也（史記曰秦王免白起爲士伍遷之陰密白起旣行出咸陽西門十里至杜郵秦王乃使使者賜之劍自裁）太傅日磾位爲師保任配東征而耗亂王命（三輔決錄注曰馬日磾字翁叔馬融之族子少傳融業以才學進歷位九卿遂登台輔獻帝春秋曰日磾假節東征循撫州郡術在壽春不肅王命侮慢日磾借節觀之因奪不還從術求去而術不遣旣以失節屈辱憂恚而死）寵任非所凡所舉用皆衆所捐棄而容納其策以爲謀主令臣骨肉兄弟還爲讎敵交鋒

接刃搆難滋甚臣雖欲釋甲投戈事不得已誠恐陛下日月之明有所不照四聰之聽有所不聞乞下臣章咨之羣賢使三槐九棘議臣罪戾周官曰三槐三公位焉左九棘孤卿大夫位焉右九棘公侯伯子男位焉鄭玄注曰槐之言懷也言懷來人於此欲與謀也樹棘以爲位者取其赤心而外刺象以赤心有刺也若臣今行權爲釁則桓文當有誅絕之刑齊桓晉文時周室弱諸侯不朝桓文權行征伐率諸侯以朝天子若以衆不討賊爲賢則趙盾可無書弒之貶矣臣雖小人志守一介若使得申明本心不愧先帝則伏首歐刀褰衣就鑊臣之願也惟陛下垂尸鳩之平尸鳩鴶鵴也詩國風曰尸鳩在桑其子七兮淑人君子其儀一兮毛萇注曰尸鳩之養其子旦從上下暮從下上平均如一言善人君子執義亦如此絕邪諂之論無令愚臣結恨三泉三者數之小終言深也前書曰下錮三泉於是以紹爲太尉封鄴侯獻帝春秋曰使將作大匠孔融持節之鄴拜太尉紹爲大將軍改封鄴侯時曹操自爲大將軍紹恥爲之下太尉位在大將軍上初武帝以衞青征伐有功以爲大將軍欲尊寵之故置大司馬官號以冠之其後霍光王鳳等皆然明帝以弟東平王蒼有賢材以爲驃騎大將軍以王故位公上和帝以舅竇憲征匈奴還遷大將軍在公上以勳戚者不拘常例焉僞表辭不受操大懼乃讓位於紹二年使將作大匠孔融持節拜紹大將軍錫弓矢節鉞虎賁百

八禮含文嘉曰九錫一曰車馬二曰衣服三曰樂器四曰朱戶五曰納陛六曰虎賁之士百人七曰斧鉞八曰弓矢九曰秬鬯春秋元命苞曰賜虎賁得專征伐賜斧鉞得誅也兼督冀青幽并四州然後受之紹每得詔書患有不便於己乃欲移天子自近使說操以許下埤埤亦下也音婢溼洛陽殘破宜徙都甄城甄音絹以就全實操拒之田豐說紹曰徙都之計既不克從宜早圖許奉迎天子動託詔令響號海內此算之上者不爾終爲人所禽雖悔無益也紹不從四年春擊公孫瓚遂定幽土事在瓚傳紹既并四州之地衆數十萬而驕心轉盛貢御希簡主簿耿包密白紹曰赤德衰盡袁爲黃胤宜順天意獻帝春秋曰袁舜後黃應代赤故包有此言以從民心紹以包白事示軍府僚屬議者以包妖妄宜誅紹知衆情未同不得已乃殺包以彌其迹於是簡精兵十萬騎萬匹欲出攻許以審配逢紀統軍事田豐荀諶及南陽許攸爲謀主顏良文醜爲將帥沮授進說曰近討公孫師出歷年百姓疲敝倉庫無積賦役方殷此國之深憂也

宜先遣使獻捷天子，務農逸人，若不得通，乃表曹操隔我王路，然後進屯黎陽，漸營河南，益作舟船，繕修器械，分遣精騎，抄其邊鄙，令彼不得安，我取其逸，如此可坐定也。郭圖、審配曰：兵書之法，十圍五攻，敵則能戰（十倍則圍之，五倍則攻之）。今以明公之神武，連河朔之強衆，以伐曹操，其埶譬若覆手（前書陸賈謂南越王曰：越殺王降漢，如反覆手耳）。今不時取，後難圖也。授曰：蓋救亂誅暴，謂之義兵；恃衆憑强，謂之驕兵。義者無敵，驕者先滅（前書魏相上書曰：救亂誅暴，謂之義兵，兵義者王。敵加於己，不得已而起者，謂之應兵，兵應者勝。爭恨小故，不勝憤怒者，謂之忿兵，兵忿者敗。利人土地貨寶者，謂之貪兵，兵貪者破。恃國家之大，矜人庶之衆，欲見威於敵者，謂之驕兵，兵驕者滅。此非但人事，乃天道也）。曹操奉迎天子，建宮許都，今舉師南向，於義則違。且廟勝之策，不在彊弱（淮南子曰：運籌於廟堂之中，決勝乎千里之外）。曹操法令既行，士卒精練，非公孫瓚坐受圍者也。今棄萬安之術，而興無名之師（前書曰：新城三老說高祖曰：順德者昌，逆德者亡。兵出無名，事故不成。音義曰：有名，伐有罪也），竊爲公懼之。圖等曰：武王伐紂，不爲不義，況兵加曹操，而云無名！且公師徒精勇，將士思奮，而不及時早定大業所謂天與不取反受其咎史記范蠡謂句踐曰天與不取反受其咎此越之所以霸吳之所以滅也監軍之計在於將軍而非見時知幾之變也紹納圖言圖等因是譖沮授曰授監統內外威震三軍若其浸盛何以制之夫臣與主同者亡此黃石之所忌也臣與主同者權在於主也主與臣同者權在臣也黃石者即張良於下邳圯上所得者三略也圯音以之反且御眾於外不宜知內淮南子曰國不可從外理軍不可從中御紹乃分授所統為三都督使授及郭圖淳于瓊各典一軍未及行五年左將軍劉備殺徐州刺史車冑據沛以背曹操操懼乃自將征備田豐說紹曰與公爭天下者曹操也操今東擊劉備兵連未可卒解今舉軍而襲其後可一往而定兵以幾動斯其時也紹辭以子疾未得行豐舉杖擊地曰嗟乎事去矣夫遭難遇之幾而以嬰兒病失其會惜哉紹聞而怒之從此遂疏焉曹操畏紹過河乃急擊備遂破之備奔紹紹於是進軍攻許田豐以既失前幾不宜便行諫紹曰

曹操既破劉備則許下非復空虛且操善用兵變化無方眾雖少未可輕也今不如久持之將軍據山河之固擁四州之眾外結英雄內修農戰然後簡其精銳分爲奇兵孫子兵法曰凡戰者以正合以奇勝也注云正者當敵奇者擊其不備乘虛迭出㠯擾河南救右則擊其左救左則擊其右使敵疲於奔命人未得安業我未勞而彼已困不及三年可坐剋也今釋廟勝之策而決成敗於一戰若不如志悔無及也紹不從豐強諫忤紹紹㠯爲沮眾遂械繫之乃先宣檄曰蓋聞明主圖危㠯制變忠臣慮難㠯立權曩者強秦弱主趙高執柄專制朝命威福由己終有望夷之禍汙辱至今始皇崩胡亥立趙高爲丞相胡亥夢白虎齧其左驂馬殺之心不樂問占夢卜涇水爲祟胡亥乃齋望夷宮趙高令其壻閻樂逼胡亥使自殺張華云望夷之宮在長陵西北長平觀東臨涇水作之㠯望北夷事見史記及臻呂后祿產專政擅斷萬機決事禁省下陵上替海內寒心於是絳侯朱虛興威奮怒誅夷逆暴尊立太宗故能道化興隆光明融顯此則大臣立權之明表也呂后專制以兄子祿

爲趙王上將軍產爲梁王相國各領南北軍呂后崩欲爲亂絳侯周勃朱虛侯劉章等共誅之立文帝廟稱太宗左傳閔子騫曰下陵上替能無亂乎司空曹操祖父騰故中常侍與左悺徐璜並作妖孽饕餮放橫傷化虐人貪財爲饕貪食爲餮悺音烏板反父嵩乞匄攜養續漢志曰嵩字巨高靈帝時賣官嵩以貨得拜大司農大鴻臚代崔烈爲太尉魏志曰嵩騰養子莫能審其生出本末曹瞞傳及郭頒代語並云嵩夏侯氏子惇之叔父魏太祖於惇爲從父兄弟也匄亦乞也因臧買位輿金輦寶輸貨權門竊盜鼎司傾覆重器操贅閹遺醜本無令德僄狡鋒俠好亂樂禍方言曰僄輕也魏志曰操少機警有權數而任俠放蕩不修行業鋒俠言如其鋒之利也僄音方妙反或作剽劫財物也音同幕府董統鷹揚埽夷凶逆謂紹誅諸閹人無少長皆斬之續遇董卓侵官暴國左傳侵官冒也於是提劒揮鼓發命東夏廣羅英雄棄瑕錄用故遂與操參咨策略謂其鷹犬之才爪牙可任至乃愚佻短慮輕進易退傷夷折衄數喪師徒字書曰佻輕也魏志曰操引兵西將據成皋到滎陽汴水遇卓將徐榮戰不利士卒死傷多操爲流矢所中所乘馬被創曹洪以馬與操得夜遁又爲呂布所敗幕府輒復分兵命銳修完補輯表行東郡太守兗州刺史被㠯虎文續漢志曰虎賁將冠鶡冠虎文單衣襄邑歲獻織成虎文衣授㠯偏師獎就威柄冀獲秦師一克之報秦穆公使孟明視西乞術白乙丙伐鄭晉襄公敗諸殽執孟明等文嬴請而舍之歸於秦穆公

復用孟明伐晉，晉人不敢出，封殽尸而還，事見左傳。而遂乘資跋扈，肆行酷烈，割剝元元，殘賢害善，太公金匱曰：天道無親，常與善人。今海內陸沈於殷久矣，何乃急於元元哉。故九江太守邊讓，英才儁逸，以直言正色，論不阿諂，身被梟懸之戮，妻孥受灰滅之咎。自是士林憤痛，人怨天怒，一夫奮臂，舉州同聲，故躬破於徐方，地奪於呂布，魏志曰：陶謙爲徐州牧，操初征之，下十餘城，後復征謙，收五城，遂略地至東海。還過郯，會張邈與陳宮畔，迎呂布，郡縣皆應。布西屯濮陽，而操攻之。布出兵戰，操兵奔，陣亂，馳突火出，墜馬，燒左手掌。司馬樓異扶操上馬，遂得引去。彷徨東裔，蹈據無所。幕府惟强幹弱枝之義，且不登畔人之黨，强幹弱枝，解見班固傳。左傳：宋大夫魚石等以宋彭城畔屬楚。經書宋彭城，傳曰：非宋地，追書也，且不登畔人也。杜預注曰：登，成也。故復援旍擐甲，席卷起征，金鼓響震，布衆破沮，左傳曰：擐甲執兵。杜預注曰：擐，貫也。前書楊雄曰：雲徹席卷，後無餘災。魏志曰：操襲定陶，未拔，會布至，擊破之。布將薛蘭、李封屯鉅野，操攻之，布救蘭，敗，布走。布復與陳宮將萬餘人來戰，操時兵少，設伏，縱奇兵擊，大破之。布夜走，東奔劉備。拯其死亡之患，復其方伯之任，是則幕府無德於兖土，而有大造於操也。左傳：使呂相絕秦曰：秦師克還無害，則是我有大造於西也。杜預注曰：造，成也。會後鑾駕東反，羣虜亂政，時冀州方有北鄙之警，匪遑離局，北鄙之儆，謂公孫瓚攻紹也。左傳曰：離局，姦也。杜預注曰：遠其部曲爲離局。故使從事中郎徐勳就發遣操，使繕修郊廟翼衛幼主而便放志專行威劫省禁卑侮王僚敗法亂紀坐召三臺專制朝政晉書曰漢官尚書爲中臺御史爲憲臺謁者爲外臺是謂三臺爵賞由心刑戮在口所愛光五宗所惡滅三族五宗謂上至高祖下及孫三族謂父族母族妻族羣談者受顯誅腹議者蒙隱戮大農顏異與張湯有隙人告異湯推異與客言詔令下有不便者異不言微反脣湯遂奏異九卿見令不便不入言而腹非論死見前書道路以目百辟鉗口國語曰厲王虐國人謗王邵公告王曰人不堪命矣王怒得衛巫使監謗以告則殺之國人莫敢言道路以目周書曰賢哲鉗口小人鼓舌何休注公羊傳曰鉗以木銜其口也鉗或作拑音渠廉反尚書記期會公卿充員品而已前漢賈誼曰大臣特以簿書不報期會之間以爲大故故太尉楊彪歷典二司元綱極位續漢書曰彪代董卓爲司空又代黃琬爲司徒時袁術僭亂操託彪與術婚姻誣以欲圖廢置奏收下獄劾以大逆操因睚眦被以非罪搒楚并兼五毒俱至獻帝春秋曰收彪下獄考實遂以策罷觸情放慝不顧憲章又議郎趙彥忠諫直言議有可納故聖朝含聽改容加錫操欲迷奪時明杜絕言路擅收立殺不俟報聞又梁孝王先帝母弟墳陵尊顯松柏桑梓猶宜恭肅操率將吏士親臨發掘破棺裸尸掠取金寶至令聖朝流涕士民傷懷前書曰孝文皇帝竇皇后生孝景帝梁孝王武

又署發丘中郎將摸金校尉，所過毀突，無骸不露。身處三公之官，而行桀虜之態，汙國虐民，毒施人鬼。加其細政苛慘，科防互設，矰繳充蹊，阬穽塞路，舉手挂網羅，動足蹈機陷，是以兗豫有無聊之人，帝都有呼嗟之怨。管子天下無道，人在爵位者皆不自聊生。歷觀古今書籍所載，貪殘虐烈無道之臣，於操爲甚。莫府方詰外姦，未及整訓，加意含覆，冀可彌縫。左傳曰：「彌縫敝邑。」杜預注曰：「彌縫猶補合。」而操豺狼野心，潛包禍謀，左傳曰：楚司馬子良生子越椒，令尹子文曰：「必殺之。是子也，熊虎之狀而豺狼之聲，弗殺，必滅若敖氏。諺曰：『狼子野心。』是乃狼也，其可畜乎？」乃欲橈折棟梁，孤弱漢室，周易：「棟橈之凶，不可以有輔也。」除忠害善，專爲梟雄。往歲伐鼓北征，討公孫瓚，彊禦桀逆，拒圍一年。操因其未破，陰交書命，欲託助王師，以見掩襲，故引兵造河，方舟北濟。會行人發露，瓚亦梟夷，故使鋒芒挫縮，厥圖不果。屯據敖倉，阻河爲固，獻帝春秋曰：操引軍造河，託言助紹，實圖襲鄴，以爲瓚援。會瓚破滅，紹亦覺之，以軍退，屯于敖倉。乃欲運螳蜋之斧，禦隆車之隧。韓詩外傳曰：齊莊公獵，有螳蜋舉足將持其輪。問其御曰：「此何蟲？」對曰：「此螳蜋也。此蟲知進而不知退，不量其力而輕就敵。」公曰：「此爲天下勇士矣。」迴車避之，勇士歸焉。亦見淮南子又莊子曰蝗螂怒臂以當車轍不知其不勝任也隧道也莫府奉漢威靈折衝宇宙長戟百萬胡騎千羣奮中黃育獲之士尸子曰黃伯曰我左執太行之獶右執彫虎唯象未試史記范睢說秦昭王烏獲任鄙之力慶忌夏育之勇也騁良弓勁弩之埶文子曰狡兔得而獵犬烹高鳥盡而良弓藏史記蘇秦說韓王曰天下之強弓勁弩皆從韓出并州越太行紹甥高幹爲并州刺史故言越太行山而來助青州涉濟漯紹長子譚爲青州刺史濟漯二水名在今齊州界漯音他合反大軍汎黃河㠯角其前荆州下宛葉而掎其後賈逵注國語曰從後牽曰掎音居蟻反左傳曰晉人角之諸戎掎之是也荆州謂劉表也與紹交故云下宛葉雷震虎步竝集虜庭若舉炎火㠯焚飛蓬楚詞曰離憂患而乃寤若縱火於秋蓬覆滄海而注熛炭黃石公三略曰夫以義而討不義若決河而沈熒火其剋必也有何不消滅者哉當今漢道陵遲綱弛網絕操㠯精兵七百圍守宮闕外稱陪衞內㠯拘質懼篡逆之禍因斯而作乃忠臣肝腦塗地之秋烈士立功之會也可不勗哉據陳琳集此檄陳琳之詞也魏志曰琳字孔璋廣陵人避難冀州袁紹使典文章紹敗歸太祖太祖謂曰卿昔爲本初移書但可罪狀孤而已惡惡止其身何乃上及祖父邪琳謝罪太祖愛其才而不咎也流俗本此下有陳琳之辭者非也乃先遣顏良攻曹操別將劉延於白馬白馬縣屬東郡今滑州縣也故城在今縣東

紹自引兵至黎陽沮授臨行會其宗族散資財㠯與之曰埶存則

威無不加勢亡則不保一身哀哉其弟宗曰曹操士馬不敵君何懼焉授曰以曹兖州之明略又挾天子以爲資我雖克伯珪衆實疲敝而主驕將忲軍之破敗在此舉矣楊雄有言六國蚩蚩爲嬴弱姬今之謂乎法言之文也嬴秦姓姬周姓方言蚩悖也六國悖惑侵弱周室遂爲秦所併也曹操遂救劉延擊顔良斬之蜀志曰曹公使張遼及關羽爲先鋒羽望見良麾蓋策馬刺良萬衆之中斬其首還諸將莫能當遂解白馬圍紹乃度河壁延津南酈元水經注曰漢孝文時河決酸棗東潰金隄大發卒塞之武帝作瓠子之歌皆謂此口也又東北謂之延津杜預注左傳陳留酸棗縣北有延津沮授臨船歎曰上盈其志下務其功悠悠黄河吾其濟乎遂以疾退紹不許而意恨之復省其所部并屬郭圖紹使劉備文醜挑戰曹操又擊破之斬文醜再戰而禽二將紹軍中大震操還屯官度官度在今鄭州中牟縣北酈元水經云莨蕩渠經曹公壘北有高臺謂之官度臺在中牟城北俗謂之中牟臺紹進保陽武陽武今鄭州縣沮授又說紹曰北兵雖衆而勁果不及南軍南軍穀少而貨儲不如北南幸於急戰北利在緩師宜徐持久曠以日月紹不從連營稍前漸逼官度遂合戰操軍

不利魏志曰連營稍進前依沙埵東西四十里爲屯操亦分營與相當復還堅壁紹爲高櫓起土山射營中釋名曰樓櫓者露上無覆屋也今官度臺北土山猶在臺之東紹舊營遺基並在焉皆蒙楯而行楯今之旁排也楊雄羽獵賦曰蒙楯負羽獻帝春秋曰紹令軍中各持三尺繩曹操誠禽但當縛之操乃發石車擊紹樓皆破軍中呼曰霹靂車以其發石聲震烈呼爲霹靂卽今之抛車也抛音普孝反紹爲地道欲襲操操輒於內爲長塹以拒之又遣奇兵襲紹運車大破之盡焚其穀食相持百餘日河南人疲困多畔應紹紹遣淳于瓊等將兵萬餘人北迎糧運沮授說紹可遣蔣奇別爲支軍於表以絕曹操之鈔以支軍爲瓊等表援紹不從許攸進曰曹操兵少而悉師拒我許下餘守埶必空弱若分遣輕軍星行掩襲許拔則操爲成禽如其未潰可令首尾奔命破之必也紹又不能用會攸家犯法審配收繫之攸不得志遂奔曹操而說使襲取淳于瓊等瓊等時宿在烏巢烏巢地名在滑州酸棗城東去紹軍四十里操自將步騎五千人夜往攻破瓊等悉斬之曹瞞傳曰公聞許攸來跣出迎之攸勸公襲瓊等公大喜乃選精銳步騎皆執袁軍旗幟銜枚縛馬口夜從間道出人把束薪所歷

道問者語之曰袁公恐曹操鈔掠後軍還兵以益備問者信以爲然既至圍屯大放火營中驚亂
大破之盡燔其糧穀寶貨斬督將眭元進等割得將軍淳于仲簡鼻殺士卒千餘人皆取鼻牛馬
割唇舌以示紹軍將士皆惶懼初紹聞操擊瓊謂長子譚曰就操破瓊吾拔其營彼固
無所歸矣乃使高覽張郃等攻操營不下魏志曰張郃字儁乂河間鄚人也郃說紹曰曹公精兵往必破瓊等
則事去矣郭圖曰郃計非也不如攻其本營郃曰曹公營固攻之必不拔若瓊等見禽吾屬盡爲
虜矣紹但遣輕騎救瓊而以重兵攻太祖營不能下太祖果破瓊等紹軍潰圖慙又更譖郃快軍
敗郃懼歸太祖二將聞瓊等敗遂奔操於是紹軍驚擾大潰紹與譚等幅巾
乘馬與八百騎度河至黎陽北岸入其將軍蔣義渠營至帳下把
其手曰孤以首領相付矣義渠避帳而處之使宣令焉衆聞紹在
稍復集餘衆僞降曹操盡阬之前後所殺八萬人沮授爲操軍所
執乃大呼曰授不降也爲所執耳操見授謂曰分野殊異遂用圮
絕不圖今日乃相得也授對曰冀州失策自取奔北授知力俱困
宜其見禽操曰本初無謀不相用計今喪亂過紀國家未定十二年曰紀
方當與君圖之授曰叔父母弟懸命袁氏若蒙公靈速死爲福操

歎曰孤早相得天下不足慮也遂赦而厚遇焉授尋謀歸袁氏乃誅之紹外寬雅有局度憂喜不形於色而性矜愎自高愎音平逼反短於從善故至於敗及軍還或謂田豐曰君必見重豐曰公貌寬而內忌不亮吾忠而吾數以至言迕之若勝而喜必能赦我戰敗而怨內忌將發若軍出有利當蒙全耳今既敗矣吾不望生紹還曰吾不用田豐言果爲所笑遂殺之先賢行狀曰紹謂逢紀曰冀州人聞吾軍敗皆當念吾惟田別駕前諫止吾與衆不同吾亦慙之紀復曰豐聞將軍之退拍手大笑喜其言之中也紹於是有害豐之意初太祖聞豐不從戎喜曰紹必敗矣及紹奔遁復曰向使紹用其別駕計尚未可知也官度之敗審配二子爲曹操所禽孟岱與配有隙因蔣奇言於紹曰配在位專政族大兵強且二子在南必懷反畔郭圖辛評亦爲然紹遂以岱爲監軍代配守鄴護軍逢紀與配不睦英雄記曰審配任用與紀不睦辛評郭圖皆比於譚評辛毗兄也見魏志紹以問之紀對曰配天性烈直每所言行慕古人之節不以二子在南爲不義也公勿疑之紹曰君不惡之邪紀曰先所爭者私情今

所陳者國事紹曰善乃不廢配配由是更協冀州城邑多畔紹復擊定之自軍敗後發病七年夏薨魏志曰紹自軍破後發病歐血死獻帝春秋曰紹爲人政寬百姓德之河北士女莫不傷怨市巷揮淚如或喪親典論曰袁紹妻劉氏性酷妒紹死僵尸未殯寵妾五人盡殺之爲死者有知當復見紹於地下乃髡頭墨面以毀其形尚又爲盡殺死者之家未及定嗣逢紀審配宿以驕侈爲譚所病辛評郭圖皆比於譚而與配紀有隙衆以譚長欲立之配等恐譚立而評等爲害遂矯紹遺命奉尚爲嗣

袁紹列傳第六十四上

後漢書七十四上

袁紹劉表列傳第六十四下 紹子譚　後漢書七十四下

唐章懷太子賢注

譚自稱車騎將軍出軍黎陽尚少與其兵而使逄紀隨之譚求益兵審配等又議不與譚怒殺逄紀曹操度河攻譚譚告急於尚尚乃留審配守鄴自將助譚與操相拒於黎陽自九月至明年二月大戰城下郭緣生述征記曰黎陽城西袁譚城城南又有一城是曹公攻譚之所築譚尚敗退操將圍之乃夜遁還鄴操進軍尚逆擊破操操軍還許譚謂尚曰我鎧甲不精故前爲曹操所敗今操軍退人懷歸志及其未濟出兵掩之可令大潰此策不可失也尚疑而不許既不益兵又不易甲譚大怒郭圖辛評因此謂譚曰使先公出將軍爲兄後者皆是審配之所搆也譚然之遂引兵攻尚戰於外門郭郭之門譚敗乃引兵還南皮南皮今滄州縣也章武有北皮亭故此曰南皮別駕王脩率吏人自青州往救譚譚還欲更攻尚問脩曰計將安

出脩曰兄弟者左右手也譬人將鬬而斷其右手曰我必勝若如是者可乎夫棄兄弟而不親天下其誰親之屬有讒人交鬬其間㠯求一朝之利願塞耳勿聽也若斬佞臣數人復相親睦㠯御四方可橫行於天下譚不從尚復自將攻譚譚戰大敗嬰城固守前書蒯通曰必將嬰城固守音義曰嬰謂以城自繞也尚圍之急譚奔平原而遣潁川辛毗詣曹操請救魏志曰辛毗潁川陽翟人也譚使毗詣太祖求和毗見太祖致譚意太祖悅謂毗曰譚可信尚必可克不毗對曰明公無問信與詐也直言當論其埶耳袁氏本兄弟相伐非謂他人能間其間乃謂天下可定於已也一旦求救於明公此可知也劉表㠯書諫譚曰天降災害禍難殷流初交殊族卒成同盟使王室震蕩彝倫攸斁左傳曰震蕩播越書曰彝倫攸斁彝常也倫理也攸所也斁敗也是㠯智達之士莫不痛心入骨傷時人不能相忍也然孤與太公志同願等言太公者尊之謂紹也雖楚魏絕邈山河迥遠楚荊州也魏冀州也戮力乃心共奬王室左傳曰同好惡奬王室杜預曰奬助也使非族不干吾盟異類不絕吾好此孤與太公無貳之所致也功績未卒太公殂隕賢胄承統㠯繼洪業宣奕世之德

履丕顯之祚奕重也國語曰奕代載德摧嚴敵於鄴都揚休烈於朔土顧定疆宇虎視河外凡我同盟莫不景附何悟青蠅飛於竿旌無忌游於二壘詩小雅曰營營青蠅止于榛讒人罔極搆我二人史記費無忌得寵於楚平王爲太子建少傅無寵於太子日夜讒太子於王欲誅太子太子亡奔宋左傳作無極竿旌二壘者謂譚尚也使股肱分成二體匈膂絕爲異身初聞此問尚謂不然定聞信來乃知閼伯實沈之忿已成棄親即讎之計已決左傳子產曰高辛氏有二子伯曰閼伯季曰實沈居於曠林不相能也日尋干戈以相征伐旃旆交於中原暴尸累於城下聞之哽咽若存若亡昔三王五伯下及戰國君臣相弒父子相殺兄弟相殘親戚相滅蓋時有之然或欲以成王業若周公誅管蔡之類或欲以定霸功若齊桓公殺子糾也皆所謂逆取順守而徼富強於一世也未有棄親即異兀其根本而能全於長世者也若齊襄公報九世之讎公羊傳曰紀侯大去其國大去者何滅之也孰滅之也齊滅之曷爲不言齊滅之爲襄公諱也春秋爲賢者諱何賢於襄公復讎也何讎爾遠祖也哀公亨於周紀侯譖之遠祖者幾代九代矣史記曰紀侯譖齊哀公於周周夷王烹哀公其弟靖立是爲胡公弟獻公立子武公立子厲公立子文公立子成公立子莊公立子釐公立子襄公八年紀遷去其邑是爲九代也士匄卒荀偃之事是故春秋美其

義君子稱其信夫伯游之恨於齊未若太公之忿於曹也宣子之臣承業未若仁君之繼統也荀偃晉大夫也左傳曰荀偃將中軍士匄佐之伐齊濟河病目出及卒而視不可含欒盈曰其爲未卒事於齊故也士匄撫之曰主苟終所不嗣事於齊有如河乃瞑受含伯游荀偃字也宣子即士匄也士燮之子士會之孫且君子違難不適讎國交絕不出惡聲左傳曰公山不狃曰君子違難不適讎國杜預曰違奔亡也史記樂毅遺燕惠王書曰臣聞古之君子交絕不出惡聲況忘先人之讎棄親戚之好而爲萬世之戒遺同盟之恥哉蠻夷戎狄將有誚讓之言況我族類而不痛心邪夫欲立竹帛於當時全宗祀於一世豈宜同生分謗爭校得失乎若冀州有不弟之慠左傳曰段不弟故不言弟無慙順之節仁君當降志辱身以濟事爲務事定之後使天下平其曲直不亦爲高義邪今仁君見憎於夫人未若鄭莊之於姜氏昆弟之嫌未若重華之於象敖然莊公卒崇大隧之樂象敖終受有鼻之封願捐棄百痾追攝舊義復爲母子昆弟如初鄭武公娶於申曰武姜生莊公及叔段莊公寤生驚姜氏遂惡之愛叔段欲立之武公弗許及莊公立姜氏爲請京使居之段繕甲兵將襲鄭夫人將啟之莊公遂置姜氏于城潁而誓之曰不及黃泉無相見也既而悔之潁考叔曰君何患焉

若闕地及泉隧而相見其誰曰不然從之公入而賦大隧之中其樂也融融姜出而賦大隧之外其樂也洩洩遂爲母子如初事見左傳禮記曰舜名重華父瞽叟盲而舜母死瞽叟更娶妻生象瞽叟愛後妻子常欲殺舜舜踐帝位封弟象爲諸侯孟子曰象至不仁封諸有鼻仁人之於其弟也不藏怒焉不宿怨焉親愛之而已矣鼻國在永州營道縣北今猶謂之鼻亭 今整勒士馬瞻望鶚立又與尚書諫之並不從 魏氏春秋載表遺尚書曰知變起辛郭禍結同生追閼伯實沈之蹤忘常棣死喪之義親尋干戈僵尸流血聞之哽咽若存若亡昔軒轅有涿鹿之戰周公有商奄之師皆所以翦除穢害而定王業非強弱之爭喜怒之忿也故雖滅親不尤誅兄不傷今二君初承洪業纂繼前軌進有國家傾危之慮退有先公遺恨之負當唯曹是務唯國是康何者金木水火剛柔相濟然後克得其和能爲人用今青州天性峭急迷於曲直仁君度數弘廣綽然有餘當以大苞小以優容劣先除曹操以平先公之恨事定之後乃議曲直之評不亦善乎若留神遠圖克己復禮當振旅長驅共奬王室若迷而不返違而無改則胡夷將有誚讓之言況我同盟復能戮力仁君之役哉此韓盧東郭自困於前而遺田父之獲者也憤躍鶴望冀聞和同之聲若其泰也則袁族其與漢升降乎如其否也則同盟永無望矣表二書並見王粲集 曹操遂還救譚十月至黎陽尚聞操度河乃釋平原還鄴尚將呂曠高翔畔歸曹氏譚復陰刻將軍印以假曠翔操知譚詐乃以子整娉譚女以安之 魏志曰整建安二十二年封郿侯二十三年薨無子黃初二年追進爵謚曰戴公 而引軍還九年三月尚使審配守鄴復攻譚於平原配獻書於譚曰配聞良藥苦口而利於病忠言逆耳而便於行 孔子家語曰忠言逆耳而利於行 願將軍緩心抑怒終省愚辭

蓋春秋之義國君死社稷忠臣死君命左傳晏嬰曰君爲社稷死則死之爲社稷亡則亡之又晉解楊曰受命以出有死無隕死而成命臣之祿也苟圖危宗廟剝亂國家親疏一也左傳曰天實剝亂也是以周公垂涕以斃管蔡之獄左傳曰鄭子太叔曰周公殺管叔放蔡叔夫豈不愛王室故也季友歔欷而行叔牙之誅公羊傳曰公子牙卒何以不稱弟殺也爲季子諱殺也莊公病叔牙曰魯一生一及君以知之慶父存也季子曰夫何敢是將爲亂和藥而飲之曰公子從吾言而飲此則可以無爲天下戮笑必有後於魯國誅不避兄弟君臣之義也何則義重人輕事不獲已故也昔先公廢黜將軍以續賢兄立我將軍以爲嫡嗣上告祖靈下書譜牒海內遠近誰不備聞何意凶臣郭圖妄畫蛇足戰國策曰楚有祠者賜其舍人酒一巵相謂曰數人飲之不足一人飲之有餘請各畫地爲蛇先成者飲酒一人蛇先成引酒且飲乃左手持酒右手畫蛇曰吾能爲之足未成一人蛇成奪其巵曰蛇固無足子安能爲足遂飲酒爲蛇足者終亡其酒曲辭諂媚交亂懿親至令將軍忘孝友之仁襲閼沈之迹放兵鈔突屠城殺吏冤魂痛於幽冥創痍被於草棘又乃圖獲鄴城許賞賜秦胡其財物婦女預有分數又云孤雖有老母趣使身體完具而已聞此言者莫不惵心揮涕使太夫人憂哀憤隔我州君臣監寐悲歎誠拱

黙㠯聽執事之圖則懼違春秋死命之節詒太夫人不測之患損先公不世之業我將軍辭不獲命㠯及館陶之役詒遺也不世猶言非常也獻帝春秋曰譚伯遂尋干戈以相征討譚軍不利保于平原尚乃軍于館陶譚擊之敗尚走保險譚追攻之尚設奇伏大破譚軍僵屍流血不可勝計譚走還平原伏惟將軍至孝蒸蒸發於岐嶷友于之性生於自然章之㠯聰明行之㠯敏達覽古今之舉措覩興敗之徵符輕榮財於糞土貴名位於丘岳何意奄然迷沈墮賢哲之操墮音許規反積怨肆忿取破家之禍翹企延頸待望讐敵委慈親於虎狼之牙㠯逞一朝之志豈不痛哉若乃天啟尊心革圖易慮則我將軍匍匐悲號於將軍股掌之上配等亦當敷躬布體㠯聽斧鑕之刑如又不悛禍將及之願熟詳吉凶㠯賜環玦孫卿子曰絕人以玦反人以環譚不納曹操因此進攻鄴審配將馮札爲內應開突門內操兵三百餘人墨子備突篇曰城百步一突門突門用車兩輪以木束之塗其上維置突門內度門廣狹之令人入門四尺中置窒突門旁爲槖充竈狀又置艾蔻卽入下輪而塞之鼓槖薰之也配覺之從城上㠯大石擊門門閉入者皆死操乃

後漢七十四下

鑿塹圍城周回四十里初令淺示若可越配望見笑而不出爭利操一夜濬之廣深二丈引漳水以灌之自五月至八月城中餓死者過半尚聞鄴急將軍萬餘人還救城操逆擊破之尚走依曲漳爲營（漳水之曲）操復圍之未合尚懼遣陰夔陳琳求降不聽尚還走藍口（相州安陽縣界有藍嵯山與鄴相近蓋藍山之口）操復進急圍之尚將馬延等臨陣降衆大潰尚奔中山盡收其輜重得尚印綬節鉞及衣服以示城中城中崩沮審配令士卒曰堅守死戰操軍疲矣幽州方至何憂無主操出行圍配伏弩射之幾中（幾音祈中音竹用反）以其兄子榮爲東門校尉榮夜開門内操兵配拒戰城中生獲配操謂配曰吾近行圍弩何多也配曰猶恨其少操曰卿忠於袁氏亦自不得不爾意欲活之配意氣壯烈終無撓辭見者莫不歎息遂斬之（先賢行狀曰是日先縛配將詣帳下辛毗等逆以馬鞭擊其頭罵之曰奴汝今日眞死矣配顧曰狗輩由汝曹破冀州恨不得殺汝太祖旣有意活配配無撓辭辛毗等號哭不已乃殺之）全尚母妻子還其財寶高幹以

并州降復爲刺史曹操之圍鄴也譚復背之因略取甘陵安平勃海河閒攻尚於中山尚敗走故安從熙而譚悉收其眾還屯龍湊十二月曹操討譚軍其門譚夜遁走南皮臨清河而屯明年正月急攻之譚欲出戰軍未合而破譚被髮驅馳追者意非恒人趨奔之趨音促譚墯馬顧曰咄兒過我我能富貴汝言未絕口頭已斷地於是斬郭圖等戮其妻子熙尚爲其將焦觸張南所攻奔遼西烏桓觸自號幽州刺史驅率諸郡太守令長背袁向曹陳兵數萬殺白馬盟令曰違者斬眾莫敢仰視各以次歃至別駕代郡韓珩珩音行曰吾受袁公父子厚恩今其破亡智不能救勇不能死於義闕矣若乃北面曹氏所不能爲也一坐爲珩失色觸曰夫舉大事當立大義事之濟否不待一人可卒珩志以厲事君先賢行狀曰珩字子佩代郡人清粹有雅量少喪父母奉養兄姊宗族稱弟也曹操聞珩節甚高之屢辟不至卒於家高幹復叛執上黨太

守舉兵守壺口關潞州上黨縣有壺山口因其險而置關焉十一年曹操自征幹幹乃留其將守城自詣匈奴求救不得獨與數騎亡欲南奔荆州上洛都尉捕斬之典論曰上洛都尉王琰獲高幹以功封侯其妻哭於室以爲琰富貴將更娶妾媵故也十二年曹操征遼西擊烏桓尚熙與烏桓逆操軍戰敗走乃與親兵數千人奔公孫康於遼東尚有勇力先與熙謀曰今到遼東康必見我我獨爲兄手擊之且據其郡猶可以自廣也康亦心規取尚以爲功乃先置精勇於廄中然後請尚熙熙疑不欲進尚強之遂與俱入未及坐康叱伏兵禽之坐於凍地尚謂康曰未死之間寒不可忍可相與席康曰卿頭顱方行萬里何席之爲遂斬首送之康遼東人父度初避吏爲玄菟小吏稍仕中平元年遷爲本郡守在職敢殺伐郡中名豪與已夙無恩者遂誅滅百餘家因東擊高句驪西攻烏桓威行海畔時王室方亂度恃其地遠陰獨懷幸會襄平社生大石丈餘下有三

小石爲足，度以爲己瑞。襄平縣屬遼東郡，故城在今平州盧龍縣西南。魏志曰：「時襄平延里社生大石，或謂度曰：此漢宣帝冠石祥也，里名與先君同，社主土地，明當有土地，有三公輔也。度益喜。」初平元年，乃分遼東爲遼西中遼郡，並置太守，越海收東萊諸縣，爲營州刺史，爲猶置也。自立爲遼東侯、平州牧，追封父延爲建義侯，立漢二祖廟，承制設壇墠於襄平城南，郊祀天地，藉田理兵，乘鸞輅，九旒，旄頭羽騎。建安九年，司空曹操表爲奮威將軍，封永寧鄉侯。度死，康嗣，故遂據遼土焉。

劉表字景升，山陽高平人，魯恭王之後也。恭王，景帝子，名餘。身長八尺餘，姿貌溫偉。與同郡張儉等俱被訕議，號爲「八顧」。詔書捕案黨人，表亡走得免。黨禁解，辟大將軍何進掾。初平元年，長沙太守孫堅殺荆州刺史王叡，王氏譜曰：「叡字通曜，晉太保祥之伯父也。」吳錄曰：「叡見執，驚曰：我何罪？堅曰：坐無所知。叡窮迫，刮金飲之而死。」詔書以表爲荆州刺史。時江南宗賊大盛，宗黨共爲賊。又袁術阻兵屯魯陽，表不能得至，乃單馬入宜城，宜城縣屬南郡，本鄢，惠帝三年改名宜城。請南郡人蒯越、襄陽人蔡瑁與共謀

書傅子曰越字異度魏太祖平荆州與荀彧書曰不喜得荆州喜得異度耳表謂越曰宗賊雖盛而衆不附若袁術因
之禍必至矣吾欲徵兵恐不能集其策焉出對曰理平者先仁義
理亂者先權謀兵不在多貴乎得人袁術驕而無謀宗賊率多貪
暴越有所素養者使人示之以利必持衆來使君誅其無道施其
才用威德既行襁負而至矣兵集衆附南據江陵北守襄陽荆州
八郡漢官儀曰荆州管長沙零陵桂陽南陽江陵武陵南郡章陵等是也可傳檄而定公路雖至無能爲也表
曰善乃使越遣人誘宗賊帥至者十五人皆斬之而襲取其衆唯
江夏賊張虎陳坐擁兵據襄陽城表使越與龐季往譬之乃降江
南悉平諸守令聞表威名多解印綬去表遂理兵襄陽以觀時變
袁術與其從兄紹有隙而紹與表相結故術共孫堅合從襲表表
敗堅遂圍襄陽會表將黃祖救至堅爲流箭所中死餘衆退走典略
曰劉表夜遣將黃祖潛出兵堅逆與戰祖敗走竄峴山中堅乘勝夜追祖祖部兵從竹木間射堅
殺之英雄記劉表將呂介將兵緣山向堅堅輕騎尋山討介介下兵射中堅頭應時物故與此不

同

及李傕等入長安冬表遣使奉貢傕以表爲鎭南將軍荊州牧封成武侯假節以爲己援建安元年驃騎將軍張濟自關中走南陽因攻穰城中飛矢而死荊州官屬皆賀表曰濟以窮來主人無禮至於交鋒此非牧意牧受弔不受賀也使人納其衆衆聞之喜遂皆服從獻帝春秋曰濟引衆入荊州賈詡隨之歸劉表襄陽城守不受濟因攻之爲流矢所中濟從子繡收衆而退劉表自責以爲己無賓主禮遣使招繡繡遂屯襄陽爲表北藩三年長沙太守張羨率零陵桂陽三郡畔表表遣兵攻圍破羨平之英雄記曰張羨南陽人先作零陵桂陽守甚得江湘閒心然性屈彊不順表薄其爲人不甚禮也羨因是懷恨遂畔表於是開土遂廣南接五嶺裴氏廣州記云大庾始安臨賀桂陽揭陽是謂五嶺鄧德明南康記曰大庾一也桂陽甲騎二也九眞都龐三也臨賀萌渚四也始安越城五也北據漢川地方數千里帶甲十餘萬初荊州人情好擾加四方駭震寇賊相扇處處糜沸表招誘有方威懷兼洽其姦猾宿賊更爲效用萬里肅清大小咸悅而服之關西兗豫學士歸者蓋有千數表安慰賑贍皆得資全遂起立學校博求儒術綦毋闓宋忠等闓音開撰立五經

章句謂之後定愛民養士從容自保及曹操與袁紹相持於官度紹遣人求助表許之不至亦不援曹操且欲觀天下之變從事中郎南陽韓嵩先賢行狀曰嵩字德高義陽人少好學貧不改操別駕劉先說表零陵先賢傳曰先字始宗博學强記尤好黃老明習漢家典故曰今豪桀並爭兩雄相持天下之重在於將軍若欲有爲起乘其徼可也如其不然固將擇所宜從豈可擁甲十萬坐觀成敗求援而不能助見賢而不肯歸此兩怨必集於將軍恐不得中立矣曹操善用兵且賢俊多歸之其埶必舉袁紹然後移兵以向江漢恐將軍不能禦也今之勝計莫若舉荊州以附曹操操必重德將軍長享福祚垂之後嗣此萬全之策也蒯越亦勸之表狐疑不斷乃遣嵩詣操觀望虛實謂嵩曰今天下未知所定而曹操擁天子都許君爲我觀其釁嵩對曰嵩觀曹公之明必得志於天下將軍若欲歸之使嵩可也如其猶豫嵩至京師天子假嵩一職不獲辭

命則成天子之臣將軍之故吏耳在君爲君不復爲將軍死也惟加重思表吕爲憚使强之至許果拜嵩侍中零陵太守及還盛稱朝廷曹操之德勸遣子入侍表大怒吕爲懷貳陳兵詬嵩將斬之詬罵也嵩不爲動容徐陳臨行之言表妻蔡氏知嵩賢諫止之表猶怒乃考殺從行者知無它意但囚嵩而已傅子曰表妻蔡氏諫之曰韓嵩楚國之望且其言直誅之無辭表乃不誅而囚之

六年劉備自袁紹奔荆州表厚相待結而不能用也十三年曹操自將征表未至八月表疽發背卒代語曰表死後八十餘年晉太康中冢見發表及妻身形如生芬香聞數里在荆州幾二十年家無餘積二子琦琮表初吕琦貌類於已甚愛之後爲琮娶其後妻蔡氏之姪蔡氏遂愛琮而惡琦毁譽之言日聞於表表寵耽後妻每信受焉又妻弟蔡瑁及外甥張允並得幸於表又睦於琮而琦不自寧嘗與琅邪人諸葛亮謀自安之術亮初不對後乃共升高樓因令去梯謂亮曰今日上不至天下不至地

言出子口而入吾耳可以言未亮曰君不見申生在內而危重耳居外而安乎申生晉獻公之太子爲麗姬所譖乃自縊死重耳申生之弟懼麗姬之讒出奔獻公卒重耳入是爲文公遂爲霸主見左氏傳琦意感悟陰規出計會表將江夏太守黃祖爲孫權所殺琦遂求代其任及表病甚琦歸省疾表慈孝允等恐其見表而父子相感更有託後之意乃謂琦曰將軍命君撫臨江夏其任至重今釋眾擅來必見譴怒傷親之歡重增其疾非孝敬之道也遂遏於戶外使不得見琦流涕而去之眾聞而傷焉遂以琮爲嗣琮以侯印授琦琦怒投之地將因奔喪作難會曹操軍至新野琦走江南蒯越韓嵩及東曹掾傅巽等說琮歸降傅子曰巽字公悌瓌瑋博達有知人鑒識琮曰今與諸君據全楚之地守先君之業以觀天下何爲不可巽曰逆順有大體強弱有定埶以人臣而拒人主逆道也以新造之楚而禦中國必危也以劉備而敵曹公不當也三者皆短欲以抗王師之鋒必亡之道也將軍

自料何與劉備琮曰不若也巽曰誠已劉備不足禦曹公則雖全楚不能已自存也誠已劉備足禦曹公則備不爲將軍下也願將軍勿疑及操軍到襄陽琮舉州請降劉備奔夏口夏口城今之鄂州也左傳吳伐楚楚沈尹戌奔命於夏汭杜預注曰漢水入口今夏口也操已琮爲青州刺史封列侯蒯越等侯者十五人乃釋嵩之囚已其名重甚加禮待使條品州人優劣皆擢而用之已嵩爲大鴻臚已交友禮待之蒯越光祿勳劉光尚書令初表之結袁紹也侍中從事鄧義諫不聽義已疾退終表世不仕操已爲侍中其餘多至大官操後敗於赤壁赤壁山名也在今鄂州蒲圻縣劉備表琦爲荊州刺史明年卒

論曰袁紹初已豪俠得眾遂懷雄霸之圖天下勝兵舉旗者莫不假已爲名及臨場決敵則悍夫爭命悍勇也深籌高議則志士傾心盛哉乎其所資也韓非曰佷剛而不和愎過而好勝嫡子輕而庶子

重斯之謂亡徵韓非亡徵篇曰很剛而不和愎諫而好勝不顧社稷而輕爲信者可亡也又曰太子輕庶子伉可亡也又曰太子卑而庶子尊可亡也劉表道不相越而欲卧收天運擬蹤三分其猶木禺之於人也言其如刻木爲人無所知也前書有木禺龍一音義曰禺寄也寄龍形於木

贊曰紹姿弘雅表亦長者稱雄河外擅强南夏魚儷漢軸雲屯冀馬魚儷猶相次比也左傳曰奉公爲魚儷之陳前書音義曰軸船後持柂處也左傳曰冀之北土馬之所生闚圖訊鼎禋天類社闚圖謂若劉歆圖書改名秀訊鼎謂楚子問王孫滿鼎輕重也國語曰精意以享謂之禋爾雅曰是類是禡師祭也社者陰類將興師故祭之既云天工亦資人亮工者官也亮信也尚書曰天工人其代之又曰惟時亮天工矜彊少成坐談奚望九州春秋曰曹公征烏桓諸將曰今深入遠征萬一劉表使劉備襲許悔無及也郭嘉曰劉表坐談客耳自知才不足以禦備重任之則恐不能制輕之則備不爲用雖遣國遠征無憂矣公遂征之回皇冢嬖身頽業喪冢嫡也嬖愛也

袁紹劉表列傳第六十四下

劉焉袁術呂布列傳第六十五　後漢書七十五

唐章懷太子賢注

劉焉字君郎江夏竟陵人也（竟陵今復州縣）魯恭王後也（恭王景帝子名餘）肅宗時徙竟陵焉少任州郡以宗室拜郎中去官居陽城山精學教授舉賢良方正稍遷南陽太守宗正太常時靈帝政化衰缺四方兵寇焉以爲刺史威輕既不能禁且用非其人輒增暴亂乃建議改置牧伯鎮安方夏清選重臣以居其任焉乃陰求爲交阯以避時難議未即行會益州刺史郤儉在政煩擾謠言遠聞而并州刺史張懿涼州刺史耿鄙並爲寇賊所害故焉議得用出焉爲監軍使者領益州牧（前書任安爲監北軍使者）太僕黃琬爲豫州牧宗正劉虞爲幽州牧皆以本秩居職州任之重自此而始是時益州賊馬相亦自號黃巾合聚疲役之民數千人先殺綿竹令（綿竹故城在今益州綿竹縣東）進攻雒縣（今益州雒縣）殺郤儉

又擊蜀郡犍爲旬月之間破壞三郡緜竹及雒屬廣漢郡及蜀郡犍爲郡馬相自稱天子
衆至十餘萬人遣兵破巴郡殺郡守趙部州從事賈龍先領兵數
百人在犍爲遂糾合吏人攻相破之龍乃遣吏卒迎焉焉到以龍
爲校尉徙居綿竹龍撫納離叛務存寬惠而陰圖異計沛人張魯
母有姿色兼挾鬼道往來焉家遂任魯以爲督義司馬遂與別部
司馬張脩將兵掩殺漢中太守蘇固斷絕斜谷殺使者魯既得漢
中遂復殺張脩而并其衆焉欲立威刑以自尊大乃託以它事殺
州中豪彊十餘人蜀志曰殺王咸李權等士民皆怨初平二年犍爲太守任岐及
賈龍並反攻焉焉擊破皆殺之自此意氣漸盛遂造作乘輿車重
千餘乘重輜重也焉四子範爲左中郎將誕治書御史璋奉車都尉蜀志曰璋
字季玉並從獻帝在長安唯別部司馬瑁隨焉在益州朝廷使璋曉譬
焉焉留璋不復遣興平元年征西將軍馬騰與範謀誅李傕焉遣

叟兵五千助之戰敗漢世謂蜀爲叟孔安國注尚書云蜀叟也範及誕並見殺焉既痛二子又遇天火其城府車重延及民家館邑無餘於燒是徙居成都遂發疽背卒說文曰疽久癰州大吏趙韙等貪璋溫仁立爲刺史詔書因以璋爲監軍使者領益州牧以韙爲征東中郎將先是荆州牧劉表表焉僭擬乘輿器服韙以此遂屯兵朐䏰備表朐音蠢䏰音如尹反屬蜀郡故城在今夔州雲安縣西初南陽三輔民數萬戶流入益州焉悉收以爲衆名曰東州兵璋性柔寬無威略東州人侵暴爲民患不能禁制舊士頗有離怨趙韙之在巴中甚得衆心璋委之以權韙因人情不輯輯和也乃陰結州中大姓建安五年還共擊璋蜀郡廣漢犍爲皆反應東州人畏見誅滅乃同心并力爲璋死戰遂破反者進攻韙於江州斬之江州縣名屬巴郡今渝州巴縣張魯以璋闇懦不復承順璋怒殺魯母及弟而遣其將龐羲等攻魯數爲所破魯部曲多在巴土故以羲爲巴郡太守魯因襲取

之遂雄於巴漢十三年曹操自將征荆州璋乃遣使致敬操加璋振威將軍兄瑁平寇將軍璋因遣別駕從事張松詣操而操不相接禮松懷恨而還勸璋絕曹氏而結好劉備璋從之十六年璋聞曹操當遣兵向漢中討張魯內懷恐懼松復說璋迎劉備以拒操璋即遣法正將兵迎備蜀志曰法正字孝直扶風郿人也祖眞字喬卿父衍字季謀璋主簿巴西黃權諫曰蜀志曰權字公衡閬中人也先主取益州諸縣望風景附權閉城堅守須璋稽服乃詣先主先主稱尊號將東伐吳權諫先主不從以權爲鎮北將軍督江北軍先主自在江南吳將陸議乘虛斷圍南軍敗績先主引退而道隔權不得還故率所領降于魏有司執法白收權妻子先主曰孤負黃權權不負孤也待之如初魏文帝謂權曰君舍逆效順欲追蹤陳韓邪權對曰臣過受劉氏厚遇降吳不可還蜀無路是以歸命且敗軍之將免死爲幸何古人之可慕劉備有梟名梟即驍也今以部曲遇之則不滿其心以賓客待之則一國不容二主此非自安之道從事廣漢王累自倒懸於州門以諫璋一無所納備自江陵馳至涪城涪城故城今綿州城璋率步騎數萬與備會蜀志曰是歲建安十六年張松勸備於會襲璋備不忍明年出屯葭萌松兄廣漢太守肅懼禍及己乃以松謀白璋收松斬之

益郡耆舊傳曰張肅有威儀容貌甚偉松爲人短小放蕩不持節操然識理精果有才幹劉璋遣詣曹公公不甚禮楊修深器之白公辟松不納修以公所撰兵書示松飲宴之間一省即便闇誦以此異之勑諸關戍勿復通備大怒還兵擊璋所在戰尅十九年進圍成都數十日城中有精兵三萬人穀支一年吏民咸欲拒戰璋言父子在州二十餘歲無恩德以加百姓而攻戰三載肌膏草野者以璋故也何心能安遂開城出降羣下莫不流涕備遷璋於公安公安今荆州縣歸其財寶後以病卒蜀志曰先主遷璋於公安南猶佩振威將軍印綬孫權破關羽取荆州以璋爲益州牧留駐秭歸明年曹操破張魯定漢中魯字公旗初祖父陵順帝時客於蜀學道鶴鳴山中山在今益州晉原縣南造作符書以惑百姓受其道者輒出米五斗故謂之米賊陵傳子衡衡傳於魯魯遂自號師君其來學者初名爲鬼卒後號祭酒祭酒各領部衆衆多者名曰理頭皆校以誠信不聽欺妄有病但令首過而已魏志曰大抵與黃巾相似首音式救反諸祭酒各起義舍於路同之亭傳傳音陟戀反縣置米肉以給行旅食者量腹取足過多則鬼能病之

犯法者先加三原原免也然後行刑不置長吏以祭酒爲理民夷信向典略曰初熹平中妖賊大起漢中有張脩爲太平道張角爲五斗米道太平道師持九節杖爲符祝教病人叩頭思過因以符水飲之病或自愈者則云此人信道其或不愈則云不信道脩法略與角同加施淨室使病人處其中思過又使人爲姦令祭酒主以老子五千文使都習號姦令爲鬼吏主爲病者請禱之法書病人姓字說服罪之意作三通其一上之天著山上其一埋之地其一沈之水謂之三官手書使病者家出米五斗以爲常故號五斗米師也實無益於療病小人昏愚競共事之後角被誅脩亦亡及魯自在漢中因其人信行脩業遂增飾之教使起義舍以米置其中以止行人又使自隱有小過者當循道百步則罪除又依月令春夏禁殺又禁酒流移寄在其地者不敢不奉也朝廷不能討遂就拜魯鎮夷中郎將領漢寧太守袁山松書建安二十年置漢寧郡通其貢獻韓遂馬超之亂關西民奔魯者數萬家時人有地中得玉印者羣下欲尊魯爲漢寧王魯功曹閻圃諫曰漢川之民戶出十萬四面險固財富土沃上匡天子則爲桓文次方竇融不失富貴今承制署置埶足斬斷遽稱王號必爲禍先魯從之魯自在漢川垂三十年聞曹操征之至陽平周地圖記曰褒谷西北有古陽平關其地在今梁州褒城縣西北欲舉漢中降其弟衛不聽率衆數萬拒關固守魏志曰太祖征魯至陽平關衛拒關堅守操破衛斬之魯聞陽平已陷將稽顙歸

降閻圃諫曰今㠯急往其功爲輕不如且依巴中然後委質功必多也於是乃奔南山左右欲悉焚寶貨倉庫魯曰本欲歸命國家其意未遂今日之走㠯避鋒銳非有惡意遂封藏而去操入南鄭甚嘉之又㠯魯本有善意遣人慰安之魯卽與家屬出迎拜鎭南將軍封閬中侯邑萬戶閬中屬巴郡今隆州縣將還中國待㠯客禮封魯五子及閻圃等皆爲列侯魯卒諡曰原侯子富嗣

論曰劉焉覩時方艱先求後亡之所左傳曰鄭公孫黑肱有疾歸邑于公曰吾聞之生於亂代貴而能貧人無求焉可以後亡庶乎見幾而作易曰君子見幾而作不俟終日又曰幾者動之微吉之先見夫地廣則驕尊之心生財衍則僭奢之情用衍饒也固亦恒人必至之期也璋能閉隘養力守案先圖尚可與歲時推移而遽輸利器靜受流斥老子曰國之利器不可以示人所謂羊質虎皮見豺則恐吁哉楊子法言曰羊質虎皮見草而悅見豺而戰

袁術字公路汝南汝陽人司空逢之子也少㠯俠氣聞數與諸公

子飛鷹走狗後頗折節舉孝廉累遷至河南尹虎賁中郎將時董卓將欲廢立以術爲後將軍術畏卓之禍出奔南陽會長沙太守孫堅殺南陽太守張咨英雄記曰咨字子議潁川人吴厤曰孫堅至南陽咨不給軍糧又不肯見堅堅欲進兵恐爲後害乃詐得急疾舉軍震惶迎呼巫醫禱祀山川遣所親人説咨言病困欲以兵付咨咨聞之心利其兵即將步騎五六百人入營看堅堅與相見無何卒然而起案劒駡咨遂執斬之引兵從術劉表上術爲南陽太守術又表堅領豫州刺史使率荆豫之卒擊破董卓於陽人術從兄紹因堅討卓未反遠遣其將會稽周昕奪堅豫州術怒擊昕走之紹議欲立劉虞爲帝術好放縱憚立長君託以公義不肯同積此釁隙遂成乃各外交黨援以相圖謀術結公孫瓚而紹連劉表豪傑多附於紹術怒曰羣豎不吾從而從吾家奴乎又與公孫瓚書云紹非袁氏子紹聞大怒初平三年術遣孫堅擊劉表於襄陽堅戰死公孫瓚使劉備合謀共逼紹紹與曹操會擊皆破之四年術引軍入陳留屯封丘黑山餘賊及匈奴於扶羅

等佐術與曹操戰於匡亭大敗術退保雍丘又將其餘衆奔九江殺楊州刺史陳溫而自領之又兼稱徐州伯李傕入長安欲結術爲援乃授吕左將軍假節封陽翟侯初術在南陽戶口尚數十百萬而不修法度吕鈔掠爲資奢恣無厭百姓患之又少見讖書言代漢者當塗高自云名字應之當塗高者魏也然術自以術及路皆是塗故云應之又吕袁氏出陳爲舜後吕黃代赤德運之次陳大夫轅濤塗袁氏其後也五行火生土故云以黃代赤遂有僭逆之謀又聞孫堅得傳國璽韋昭吳書曰漢室大亂天子比詣河上六璽不自隨掌璽者以投井中孫堅北討董卓頓軍城南甄官署有井每日有五色氣從井中出使人浚井得漢國玉璽其文曰受命于天既壽永昌遂拘堅妻奪之興平二年冬天子播越敗於曹陽術大會羣下因謂曰今海內鼎沸劉氏微弱吾家四世公輔袁安爲司空子敞及京京子湯湯子逢並爲司空百姓所歸欲應天順民於諸君何如衆莫敢對主簿閻象進曰昔周自后稷至于文王積德累功三分天下猶服事殷國語曰后稷勤周十五代而王毛詩國風序曰國君積行累功以致爵位論語孔子曰三分天下有其二猶服事殷明公雖奕世克昌奕猶重也詩云不顯

奕代又曰克昌厥後孰若有周之盛漢室衰微未至殷紂之敝也術嘿然使召張範範辭疾遣弟承往應之術問曰昔周室陵遲則有桓文之霸王肅注家語曰言若丘陵之漸邐遲秦失其政漢接而用之今孤以土地之廣士人之衆欲徼福於齊桓擬迹於高祖可乎承對曰在德不在衆苟能用德以同天下之欲雖云匹夫霸王可也若陵僭無度干時而動衆之所棄誰能興之魏志曰範字公儀承字公先河內人司徒歆之孫也術不悅自孫堅死子策復領其部曲術遣擊楊州刺史劉繇破之策因據江東策聞術將欲僭號與書諫曰董卓無道陵虐王室禍加太后暴及弘農天子播越左傳王子朝云不穀震盪播越播遷也越逸也言失所居宮廟焚毀是以豪傑發憤沛然俱起沛然自恣縱貌也沛音片害反元惡既斃幼主東顧乃使王人奉命宣明朝恩偃武修文與之更始然而河北異謀於黑山謂袁紹爲冀州牧與黑山賊相連曹操毒被於東徐劉表僭亂於南荆公孫叛逆於朔北正禮阻兵劉繇也玄德爭盟劉備也是以未

獲從命橐弓戢戈當謂使君與國同規而舍是弗恤完然有自取之志（完然自得貌）懼非海內企望之意也成湯討桀稱有夏多罪（尚書湯誓曰有夏多罪天命殛之）武王代紂曰殷有重罰（史記曰武王徧告諸侯曰殷有重罰不可不伐）此二王者雖有聖德假使時無失道之過無由逼而取也今主上非有惡於天下徒以幼小脅於彊臣異於湯武之時也又聞幼主明智聰敏有夙成之德（夙早也）天下雖未被其恩咸歸心焉若輔而興之則旦奭之美率土所望也使君五世相承（安生京京生湯湯生逢逢生術凡五代）爲漢宰輔榮寵之盛莫與爲比宜效忠守節以報王室時人多惑圖緯之言妄牽非類之文苟以悅主爲美不顧成敗之計古今所慎可不孰慮忠言逆耳駮議致憎（駮雜也議不同也前書張良曰忠言逆耳利於行良藥苦口利於病）苟有益於尊明無所敢辭術不納策遂絕之建安二年因河內張炯符命遂果僭號自稱仲家（仲或作沖）以九江太守爲淮南尹置公卿百官郊祀天地乃遣使以竊號告呂

布并爲子聘布女布執術使送許（時獻帝在許）術大怒遣其將張勳橋蕤攻布大敗而還術又率兵擊陳國誘殺其王寵及相駱俊曹操乃自征之術聞大駭卽走渡淮留張勳橋蕤於蘄陽（水經曰蘄水出江夏蘄春縣北山酈元注云卽蘄山也西南流經蘄山又南對蘄陽注于大江亦謂之蘄陽口）吕拒操操擊破斬蕤而勳退走術兵弱大將死衆情離叛加天旱歲荒士民凍餒江淮間相食殆盡時舒仲應爲術沛相術吕米十萬斛與爲軍糧仲應悉散吕給飢民術聞怒陳兵將斬之仲應曰知當必死故爲之耳寧可吕一人之命救百姓於塗炭術下馬牽之曰仲應足下獨欲享天下重名不與吾共之邪術雖矜名尚奇而天性驕肆尊已陵物及竊僞號淫侈滋甚媵御數百無不兼羅紈厭粱肉（九州春秋曰司隸馮方女國色也避亂楊州袁術登城見而悅之遂納焉甚愛幸諸婦害其寵紿之曰將軍貴人有志節當時時涕泣憂愁必長見敬重馮氏以爲然見術輒垂涕術果以有心志益哀之諸婦因是共絞殺之懸之廁梁術誠以爲不得志而死也厚加殯斂焉）自下飢困莫之簡卹於是資實空盡不能自立四年夏乃燒宮室奔其部

曲陳簡雷薄於灊山灊縣之山也灊今壽州霍山縣也灊音潛復爲簡等所拒遂大困窮士卒散走憂懣不知所爲遂歸帝號於紹曰祿去漢室久矣天下提挈政在家門豪雄角逐分割疆宇此與周末七國無異唯彊者兼之耳袁氏受命當王符瑞炳然今君擁有四州青冀幽并人戶百萬以彊則莫與爭大以位則無所比高曹操雖欲扶衰獎微安能續絕運起已滅乎謹歸大命君其興之紹陰然其計術因欲北至青州從袁譚曹操使劉備徼之不得過復走還壽春六月至江亭坐簀牀而歎曰簀第也謂無茵蓐也袁術乃至是乎因憤慨結病歐血死妻子依故吏廬江太守劉勳魏志曰勳字子臺琅邪人與太祖有舊爲孫策破後自歸太祖封列侯勳自恃與太祖有宿日驕慢數犯法又誹謗遂免其官也孫策破勳復見收視術女入孫權宮子曜仕吳爲郎中

論曰天命符驗可得而見未可得而言也然大致受大福者歸於信順乎易曰天之所助者順也人之所助者信也履信思順自天祐之夫事不以順雖彊力廣謀不能得也

謀不可得之事曰失忠信變詐妄生矣況復苟肆行之其以欺天乎雖假符僭歸將安所容哉

呂布字奉先五原九原人也以弓馬驍武給并州刺史丁原爲騎都尉原屯河内以布爲主簿甚見親待靈帝崩原受何進召將兵詣洛陽爲執金吾會進敗董卓誘布殺原而并其兵卓以布爲騎都尉誓爲父子甚愛信之稍遷至中郎將封都亭侯卓自知凶恣每懷猜畏行止常以布自衛嘗小失卓意卓拔手戟擲之布拳捷得免而改容顧謝卓意亦解布由是陰怨於卓卓又使布守中閤而私與傅婢情通益不自安因往見司徒王允自陳卓幾見殺之狀（幾音祈）時允與尚書僕射士孫瑞密謀誅卓因以告布使爲内應布曰如父子何曰君自姓呂本非骨肉今憂死不暇何謂父子擲戟之時豈有父子情也布遂許之乃於門刺殺卓事已見卓傳允以

布爲奮威將軍假節儀同三司封溫侯允既不赦涼州人由是卓將李傕等遂相結還攻長安布與傕戰敗乃將數百騎以卓頭繫馬鞍走出武關奔南陽袁術待之甚厚布自恃殺卓有德袁氏遂恣兵鈔掠術患之布不安復去從張楊於河內時李傕等購募求布急楊下諸將皆欲圖之布懼謂楊曰與卿州里今見殺其功未必多不如生賣布可大得傕等爵寵楊以爲然有頃布得走投袁紹紹與布擊張燕於常山燕精兵萬餘騎數千匹布常御良馬號曰赤菟能馳城飛塹曹瞞傳曰時人語曰人中有呂布馬中有赤菟與其健將成廉魏越等數十騎馳突燕陣一日或至三四皆斬首而出連戰十餘日遂破燕軍布既恃其功更請兵於紹紹不許而將士多暴橫紹患之布不自安因求還洛陽紹聽之承制使領司隸校尉遣壯士送布而陰使使殺之布疑其圖己乃使人鼓箏於帳中潛自遁出夜中兵起而

布已亡，紹聞懼爲患，募遣追之，皆莫敢逼，遂歸張楊。道經陳留，太守張邈遣使迎之，相待甚厚，臨别把臂言誓。邈字孟卓，東平人，少以俠聞。初辟公府，稍遷陳留太守。董卓之亂，與曹操共舉義兵。及袁紹爲盟主，有驕色，邈正義責之。紹旣怨邈，且聞與布厚，乃令曹操殺邈。操不聽，然邈心不自安。興平元年，曹操東擊陶謙，令其將武陽人陳宮屯東郡。典略曰：陳宮字公臺，東郡人也。剛直烈壯，少與海內知名之士皆連結。及天下亂，始隨太祖，後自疑，乃從呂布，爲布畫策，布每不從。宮因說邈曰：「今天下分崩，雄桀並起，君擁十萬之衆，當四戰之地，陳留地平，四面受敵，故謂之四戰之地也。撫劒顧眄，亦足以爲人豪，而反受制，不以鄙乎！今州軍東征，其處空虛，呂布壯士，善戰無前，迎之共據兗州，觀天下形埶，俟時事變通，此亦從横一時也。」邈從之，遂與弟超及宮等迎布爲兗州牧，據濮陽，郡縣皆應之。曹操聞而引軍擊布，累戰相持百餘日。是時旱蝗少穀，百姓相食，布移屯山陽。二年間，操復盡收諸城破，布於鉅野，布東奔劉備。邈詣袁術求救，留超將家屬屯雍丘。操圍超數月，屠之，滅其三族。邈未至壽春，爲其兵所害。時劉備領徐州，居下邳，與袁術相拒於淮上。術欲引布擊備，乃與布書曰：「術舉兵詣闕，未能屠裂董卓。將軍誅卓，爲術報恥，功一也。董卓殺隗及術兄基等男女二十餘人。昔金元休南至封丘，爲曹操所敗，典略曰：元休名尚，京兆人，同郡韋休甫、第五文休俱著名，號爲三休。尚獻帝初爲兗州刺史，東之郡，而太祖已臨兗州，尚依袁術。術僭號，欲以尚爲太尉，不敢顯言，私使諷之，術亦不敢彊也。建安初，尚逃還，爲術所害也。將軍伐之，令術復明目於遐邇，功二也。術生年已來，不聞天下有劉備，備乃舉兵與術對戰。憑將軍威靈，得以破備，功三也。將軍有三大功在術，術雖不敏，奉以死生。將軍連年攻戰，軍糧苦少，今送米二十萬斛。非唯此止，當駱驛復致。凡所短長，亦唯命。」布得書大悅，即勒兵襲下邳，獲備妻子。備敗走海西，海西縣屬廣陵郡，故屬東海。饑困，請降於布。布又恚術運糧不復至，乃具車馬迎備，以爲豫州刺史，遣屯小沛。高祖本泗水郡沛縣人，及得天下，改泗水爲沛郡，小沛即沛縣布自號徐州牧術懼布爲己害爲子求婚布復許之術遣將紀靈等步騎三萬以攻備備求救於布諸將謂布曰將軍常欲殺劉備今可假手於術布曰不然若破備則北連太山吾爲在術圍中不得不救也便率步騎千餘馳往赴之靈等聞布至皆斂兵而止布屯沛城外遣人招備并請靈等與共饗飲布謂靈曰玄德布弟也爲諸君所困故來救之布性不喜合鬭但喜解鬭耳乃令軍候植戟於營門布彎弓顧曰諸君觀布射戟小支周禮考工記曰戟博二寸內倍之胡參之援四之鄭注云援直刃胡其孑也小支謂胡也即今之戟傍曲支中者當各解兵不中可留決鬭布即一發正中戟支靈等皆驚言將軍天威也明日復歡會然後各罷術遣韓胤以僭號事告布因求迎婦布遣女隨之沛相陳珪恐術報布成婚則徐楊合從爲難未已於是往說布曰曹公奉迎天子輔贊國政將軍宜與協同策謀共存大計今與袁術結姻必受不義之名將

有累卵之危矣說苑曰晉靈公造九層臺費用千億謂左右曰敢有諫者斬孫息求見靈公張弩操矢見之謂之曰子欲諫邪孫息曰臣不敢諫也臣能累十二博棊加九雞子於其上公曰吾未嘗見也子爲寡人作之孫息即正顏色定志意以棊子置下加雞子其上左右懼息靈公曰危哉孫息曰復有危於此者公曰願復見之息曰九層之臺三年不成男不得耕女不得織國用空虛戶口減少吏人叛亡鄰國謀議將興兵公乃壞臺布亦素怨術而女已在塗乃追還絕婚執胤送許曹操殺之陳珪欲使子登詣曹操布固不許會使至拜布爲左將軍布大喜即聽登行并令奉章謝恩登見曹操因陳布勇而無謀輕於去就宜早圖之操曰布狼子野心誠難久養左傳曰伯石之生也叔向之母視之曰是豺狼之聲也狼子野心非卿莫究其情僞即增珪秩中二千石拜登廣陵太守臨別操執登手曰東方之事便以相付令陰合部衆以爲內應始布因登求徐州牧不得登還布怒拔戟斫机曰卿父勸吾協同曹操絕婚公路今吾所求無獲而卿父子並顯重但爲卿所賣耳登不爲動容徐對之曰登見曹公言養將軍譬如養虎當飽其肉不飽則將噬人公曰不如卿言譬如養鷹飢即爲用飽則

颺去其言如此布意乃解袁術怒布殺韓胤遣其大將張勳橋蕤等與韓暹楊奉連埶步騎數萬七道攻布布時兵有三千馬四百匹懼其不敵謂陳珪曰今致術軍卿之由也爲之柰何珪曰暹奉與術卒合之師耳卒音七忽反謀無素定素，舊也不能相維子登策之比於連雞埶不俱棲戰國策曰秦惠王謂寒泉子曰蘇秦欺敝邑欲以一人之知反覆山東之君夫諸侯之不可一猶連雞之不能俱上於棲立可離也布用珪策與暹奉書曰二將軍親扶大駕而布手殺董卓俱立功名當垂竹帛今袁術造逆宜共誅討柰何與賊還來伐布可因今者同力破術爲國除害建功天下此時不可失也又許破術兵悉以軍資與之暹奉大喜遂共擊勳等於下邳大破之生禽橋蕤餘衆潰走其所殺傷墯水死者殆盡時太山臧霸等攻破莒城許布財幣已相結而未及送布乃自往求之其督將高順諫止英雄記曰順爲人不飲酒不受饋所將七百餘兵號爲千人名陷陣營布後疏順奪順所將兵亦無恨意也曰將軍威名宣播遠近所畏何求不得而自行求賂萬一不剋豈不損邪布不從既至莒霸等不測往意固守拒之無獲而還順爲人清白有威嚴少言辭將衆整齊每戰必剋布性決易所爲無常順每諫曰將軍舉動不肯詳思忽有失得動輒言誤誤事豈可數乎布知其忠而不能從建安三年布遂復從袁術遣順攻劉備於沛破之曹操遣夏侯惇救備魏志曰夏侯惇字元讓沛國譙人年二十四就師學人有辱其師者惇殺之後從征呂布爲流矢傷左目領陳留濟陰太守加建武將軍太祖常同輿載特見親重出入臥內諸將莫之比爲順所敗操乃自將擊布至下邳城下遺布書爲陳禍福布欲降而陳宮等自以負罪於操深沮其計而謂布曰曹公遠來埶不能久將軍若以步騎出屯於外宮將餘衆閉守於內若向將軍宮引兵而攻其背若但攻城則將軍救於外不過旬月軍食畢盡擊之可破也布然之布妻曰昔曹氏待公臺如赤子猶舍而歸我今將軍厚公臺不過於曹氏而欲委全城捐妻子孤軍遠出乎若一旦有變妾豈得

爲將軍妻哉布乃止而潛遣人求救於袁術自將千餘騎出戰敗走還保城不敢出術亦不能救曹操壍圍之壅沂泗㠯灌其城三月上下離心其將侯成使客牧其名馬而客策之㠯叛成追客得馬諸將合禮㠯賀成成分酒肉先入詣布而言曰蒙將軍威靈得所亡馬諸將齊賀未敢嘗也故先㠯奉貢布怒曰布禁酒而卿等醞釀爲欲因酒共謀布邪成忿懼乃與諸將共執陳宮高順率其衆降布與麾下登白門樓宋武北征記曰下邳城有三重大城之門周四里呂布所守也魏武禽布於白門白門大城之門酈元水經注曰南門謂之白門魏武禽陳宮於此兵圍之急令左右取其首詣操左右不忍乃下降布見操曰今日已往天下定矣操曰何㠯言之布曰明公之所患不過於布今已服矣令布將騎明公將步天下不足定也顧謂劉備曰玄德卿爲坐上客我爲降虜繩縛我急獨不可一言邪操笑曰縛虎不得不急乃命緩布縛劉備曰不可明公不見呂布事丁建陽

董太師乎操頷之杜預注左傳曰頷搖頭也音五感反布目備曰大耳兒最叵信蜀志曰備顧自見其耳操謂陳宮曰公臺平生自謂智有餘今意何如宮指布曰是子不用宮言㠯至於此若見從未可量也操又曰奈卿老母何宮曰老母在公不在宮也夫㠯孝理天下者不害人之親操復曰奈卿妻子何宮曰宮聞霸王之主不絕人之祀左傳曰齊桓公存三亡國固請就刑遂出不顧操爲之泣涕布及宮順皆縊殺之傳首許市

贊曰焉作庸牧㠯希後福王莽改益州曰庸部曷云負荷地墮身逐術既叨貪布亦飜覆

劉焉袁術呂布列傳第六十五

後漢書七十五

循吏列傳第六十六　後漢書七十六

唐章懷太子賢注

初光武長於民間頗達情僞（左傳楚子曰晉侯在外十九年矣人之情僞盡知之矣）見稼穡艱難百姓病害至天下已定務用安靜解王莽之繁密還漢世之輕法（前書曰莽春夏斬人於市一家鑄錢保五人沒入爲官奴婢男子檻車女子步鐵鎖琅璫其頸愁苦死者十七八輕法謂高祖約法三章孝文除肉刑也）身衣大練色無重綵耳不聽鄭衞之音手不持珠玉之玩宮房無私愛左右無偏恩建武十三年異國有獻名馬者日行千里又進寶劍賈兼百金詔以馬駕鼓車劒賜騎士損上林池籞之官廢馳望弋獵之事其以手迹賜方國者皆一札十行細書成文（說文曰札牒也）勤約之風行于上下數引公卿郎將列于禁坐（禁坐猶御坐也）廣求民瘼觀納風謠故能內外匪懈百姓寬息自臨宰邦邑者競能其官若杜詩守南陽號爲杜母任延錫光移變邊俗斯其績用之最章章者也（章章明也前書班固曰章章尤著者也）又

第五倫宋均之徒亦足有可稱談然建武永平之間吏事刻深亟以謠言單辭轉易守長故朱浮數上諫書箴切峻政鍾離意等亦規諷殷勤以長者爲言而不能得也時明帝性褊察好以耳目隱發爲明又引杖撞郎朝廷竦慄爭爲苛刻唯意獨敢諫爭數封還詔書見意傳也所以中興之美蓋未盡焉自章和以後其有善績者往往不絕如魯恭吳祐劉寬及潁川四長謂荀淑爲當塗長韓韶爲嬴長陳寔爲太丘長鍾皓爲林慮長淑等皆潁川人也並以仁信篤誠使人不欺王堂陳寵委任賢良而職事自理王堂任陳蕃應嗣陳寵任王渙鐔顯也斯皆可以感物而行化也邊鳳延篤先後爲京兆尹時人以輩前世趙張輩類也趙謂趙廣漢張謂張敞者也又王渙任峻之爲洛陽令明發姦伏吏端禁止然導德齊禮有所未充亦一時之良能也今綴集殊聞顯迹以爲循吏篇云

衞颯字子產颯音立河內脩武人也家貧好學問隨師無糧常傭以自給王莽時仕郡歷州宰建武二年辟大司徒鄧禹府舉能案劇除

侍御史襄城令政有名迹遷桂陽太守郡與交州接境頗染其俗不知禮則颯下車修庠序之教設婚姻之禮期年間邦俗從化先是含洭湞陽曲江三縣越之故地（含洭故城在今廣州含洭縣東湞陽今廣州縣也曲江韶州縣也）武帝平之內屬桂陽民居深山濱溪谷習其風土不出田租去郡遠者或且千里吏事往來輒發民乘船名曰傳役每一吏出傜及數家百姓苦之颯乃鑿山通道五百餘里列亭傳置郵驛於是役省勞息姦吏杜絕流民稍還漸成聚邑使輸租賦同之平民又耒陽縣出鐵石（續漢志耒陽縣有鐵官也）他郡民庶常依因聚會私為冶鑄遂招來亡命多致姦盜颯乃上起鐵官罷斥私鑄歲所增入五百餘萬颯理卹民事居官如家其所施政莫不合於物宜視事十年郡內清理二十五年徵還光武欲以為少府會颯被疾不能拜起（東觀記曰颯到即引見賜食於前從吏二人賜冠幘錢人五千也）勑以桂陽太守歸家須後詔書（須待也）居二歲載病詣闕自陳困

篤乃收印綬賜錢十萬後卒于家南陽茨充代颯爲桂陽東觀記曰充字子河宛人也初舉孝廉之京師同侶馬死充到前亭輒舍車持馬還相迎鄉里號之曰一馬兩車茨子河也亦善其政教民種殖桑柘麻紵之屬禮記曰禁人無伐桑柘鄭玄注云愛蠶食也勸令養蠶織履民得利益焉東觀記曰元和中荆州刺史上言臣行部入長沙界觀者皆徒跣臣問御佐曰人無履亦苦之否御佐對曰十二月盛寒時並多剖裂血出燃火燎之春温或膿潰建武中桂陽太守茨充教人種桑蠶人得其利至今江南頗知桑蠶織履皆充之化也

任延字長孫南陽宛人也年十二爲諸生學於長安明詩易春秋顯名太學學中號爲任聖童值倉卒避兵之隴西時隗囂已據四郡遣使請延延不應更始元年吕延爲大司馬屬拜會稽都尉時年十九迎官驚其壯壯少也及到靜泊無爲唯先遣饋禮祠延陵季子季子吳王壽夢之少子札也封於延陵時天下新定道路未通避亂江南者皆未還中土會稽頗稱多士延到皆聘請高行如董子儀嚴子陵等敬待吕師友之禮掾吏貧者輒分奉祿吕賑給之省諸卒令耕公田吕周窮急

每時行縣，輒使慰勉孝子，就餐飯之。（飯音符晩反）吳有龍丘萇者，隱居太末，（太末縣屬會稽郡，今婺州龍丘縣也。東觀記云：秦時改爲太末，有龍丘山在東，有九石特秀，色丹，遠望如蓮華，萇之隱處有一巖穴如窗牖，中有石牀可寢處。）志不降辱。王莽時，四輔三公連辟，不到。（四輔謂太師、太傅、國師、國將。三公謂大司馬、司徒、司空也。並莽時官，見前書也。）掾吏白請召之。延曰：「龍丘先生躬德履義，有原憲、伯夷之節。（原憲，孔子弟子，魯人也。子貢結駟連騎，排藜藿過謝原憲，攝敝衣冠見子貢。伯夷，孤竹君之子，讓其國，餓死於首陽山也。）都尉埽灑其門，猶懼辱焉，召之不可。」遣功曹奉謁，修書記，致醫藥，吏使相望於道。積一歲，萇乃乘輦詣府門，願得先死備錄。（請編名錄於郡職也。）延辭讓再三，遂署議曹祭酒。萇尋病卒，延自臨殯，不朝三日。是以郡中賢士大夫爭往宦焉。

建武初，延上書願乞骸骨，歸拜王庭。詔徵爲九眞太守。光武引見，賜馬雜繒，令妻子留洛陽。九眞俗以射獵爲業，不知牛耕，（東觀漢記曰：九眞俗燒草種田。前書曰：搜粟都尉趙過教人牛耕也。）民常告糴交阯，每致困乏。延乃令鑄作田器，教之墾闢。田疇歲歲開廣，百姓充給。又駱越之民無嫁娶禮法，各因淫好，無適對匹，（適音丁歷反不識父子之性夫婦之道延乃移書屬縣各使男年二十至五十女年十五至四十皆以年齒相配其貧無禮聘令長吏以下各省奉祿以賑助之同時相娶者二千餘人是歲風雨順節穀稼豐衍其產子者始知種姓咸曰使我有是子者任君也多名子為任於是徼外蠻夷夜郎等慕義保塞延遂止罷偵候戍卒偵伺也音丑政反初平帝時漢中錫光為交阯太守教導民夷漸以禮義化聲侔於延侔等也王莽末閉境拒守建武初遣使貢獻封鹽水侯領南華風始於二守焉延視事四年徵詣洛陽以病稽留左轉睢陽令九眞吏人生為立祠拜武威太守帝親見戒之曰善事上官無失名譽延對曰臣聞忠臣不私私臣不忠履正奉公臣子之節上下雷同非陛下之福善事上官臣不敢奉詔帝歎息曰卿言是也旣之武威時將兵長史田紺郡之大姓其子弟賓客為人暴害延收紺繫之父

子賓客伏法者五六人紺少子倘乃聚會輕薄數百人自號將軍夜來攻郡延即發兵破之自是威行境內吏民累息（累息累氣）郡北當匈奴南接種羌民畏寇抄多廢田業延到選集武略之士千人明其賞罰令將雜種胡騎休屠黃石屯據要害（黃石雜種號也）其有警急逆擊追討虜恒多殘傷遂絕不敢出河西舊少雨澤乃為置水官吏修理溝渠皆蒙其利又遣立校官（校學也）自掾吏子孫皆令詣學受業復其傜役章句既通悉顯拔榮進之郡遂有儒雅之士後坐擅誅羌不先上左轉召陵令顯宗即位拜潁川太守永平二年徵會辟雍因以為河內太守視事九年病卒少子愷官至太常

王景字仲通樂浪䛁邯人也（䛁音諾甘反邯音下甘反縣名）八世祖仲本琅邪不其人好道術明天文諸呂作亂齊哀王襄謀發兵而數問於仲及濟北王興居反欲委兵師仲（襄及興居並高祖孫齊悼惠王肥之子也）仲懼禍及乃浮海東奔樂浪

山中，因而家焉。父閎，爲郡三老。更始敗，土人王調殺郡守劉憲，自稱大將軍、樂浪太守。建武六年，光武遣太守王遵將兵擊之。至遼東，閎與郡決曹史楊邑等共殺調迎遵，皆封爲列侯，閎獨讓爵。帝奇而徵之，道病卒。景少學易，遂廣闚眾書，又好天文術數之事，沈深多伎藝。辟司空伏恭府。時有薦景能理水者，顯宗詔與將作謁者王吳共修作浚儀渠。吳用景墕流法，水乃不復爲害。初，平帝時，河汴決壞，未及得修。建武十年，陽武令張汜上言：「河決積久，日月侵毀，濟渠所漂數十許縣。（濟水出今洛州濟源縣西北，東流經溫縣入河，度河東南入鄭州，又東入滑、曹、鄆、濟、齊、青等州入海，即此渠也。王莽末旱，因枯涸，但入河內而已。）修理之費，其功不難。宜改修堤防，以安百姓。」書奏，光武即爲發卒。方營河功，而浚儀令樂俊復上言：「昔元光之間，（武帝年。）人庶熾盛，緣隄墾殖，而瓠子河決，尙二十餘年，不即擁塞。（瓠子隄在今滑州白馬縣。武帝元光中，河決於瓠子，東南注鉅野，通於淮泗，至元封二年塞之也。）今居家稀少，田地饒廣，雖未修理，其患猶可，且新被兵革方興力役勞怨既多民不堪命宜須平靜更議其事光武得此遂止後汴渠東侵日月彌廣而水門故處皆在河中兖豫百姓怨歎㠯爲縣官恒興佗役不先民急永平十二年議修汴渠乃引見景問㠯理水形便景陳其利害應對敏給帝善之又㠯嘗修浚儀功業有成乃賜景山海經河渠書山海經禹所作河渠書太史公史記也禹貢圖及錢帛衣物夏遂發卒數十萬遣景與王吳修渠築隄自滎陽東至千乘海口千餘里景乃商度地勢鑿山阜破砥績尙書曰原隰底績注底致也績功也言破禹所致功之處也或云砥績山名也直截溝澗防遏衝要疏決壅積十里立一水門令更相洄注爾雅曰逆流而上曰洄郭璞注云旋流也無復潰漏之患景雖簡省役費然猶㠯百億計十萬曰億也明年夏渠成帝親自巡行詔濱河郡國置河隄員吏如西京舊制十二州志曰成帝時河堤大壞汎濫靑徐兖豫四州略徧乃以校尉王延代領河堤謁者秩千石或名其官爲護都水使者中興以三府掾屬爲之景由是知名王吳及諸從事掾吏皆增秩一等景三遷爲侍御史十五年從

駕東巡狩至無鹽帝美其功績拜河堤謁者賜車馬縑錢建初七年遷徐州刺史先是杜陵杜篤奏上論遷都欲令車駕遷還長安耆老聞者皆動懷土之心莫不眷然佇立西望景以宮廟已立恐人情疑惑會時有神雀諸瑞章帝時有神雀鳳凰白鹿白烏等瑞也乃作金人論頌洛邑之美天人之符文有可採明年遷廬江太守先是百姓不知牛耕致地力有餘而食常不足郡界有楚相孫叔敖所起芍陂稻田陂在今壽州安豐縣東陂徑百里灌田萬頃芍音鵲景乃驅率吏民修起蕪廢教用犁耕由是墾闢倍多境內豐給遂銘石刻誓令民知常禁又訓令蠶織為作法制皆著于鄉亭廬江傳其文辭卒于官初景以為六經所載皆有卜筮作事舉止質於蓍龜而眾書錯糅吉凶相反乃參紀眾家數術文書冢宅禁忌葬送造宅之法若黃帝青烏之書也堪輿日相之屬前書藝文志堪輿金匱十四卷許慎云堪天道也輿地道也日相謂日辰王相之法也適於事用者集於大衍玄基云易曰大衍之數五十其用四十有九也

秦彭字伯平扶風茂陵人也自漢興之後世位相承六世祖襲爲潁川太守與羣從同時爲二千石者五人故三輔號曰萬石秦氏彭同産女弟顯宗時入掖庭爲貴人有寵永平七年以彭貴人兄隨四姓小侯擢爲開陽城門候續漢志城門候一人六百石城南面東頭第一門也漢官儀云開陽門始成未有名夜有一柱來止樓上琅邪開陽縣上言南門一柱飛去因以名門也十五年拜騎都尉副駙馬都尉耿秉北征匈奴

建初元年遷山陽太守以禮訓人不任刑罰崇好儒雅敦明庠序每春秋饗射輒修升降揖讓之儀乃爲人設四誡以定六親長幼之禮六親謂父子兄弟夫婦也有遵奉教化者擢爲鄉三老常以八月致酒肉以勸勉之吏有過咎罷遣而已不加恥辱百姓懷愛莫有欺犯興起稻田數十頃每於農月親度頃畝分別肥塉差爲三品各立文簿藏之鄉縣於是姦吏跼蹐無所容詐彭乃上言宜令天下齊同其制詔書以其所立條式班令三府並下州郡在職六年轉潁川太守

仍有鳳皇麒麟嘉禾甘露之瑞集其郡境肅宗巡行再幸潁川輒賞賜錢穀恩寵甚異章和二年卒彭弟惇襃並爲射聲校尉

王渙字稚子廣漢郪人也郪縣故城在今梓州郪縣西南也父順安定太守渙少好俠尚氣力數通剽輕少年剽劫奪也晚而改節敦儒學習尚書讀律令略舉大義爲太守陳寵功曹當職割斷不避豪右寵風聲大行入爲大司農和帝問曰在郡何以爲理寵頓首謝曰臣任功曹王渙以簡賢選能主簿鐔顯拾遺補闕臣奉宣詔書而已帝大悅渙由此顯名州舉茂才除溫令縣多姦猾積爲人患渙以方略討擊悉誅之境內清夷商人露宿於道其有放牛者輒云以屬稚子終無侵犯在溫三年遷兗州刺史繩正部郡繩直也風威大行後坐考妖言不實論歲餘徵拜侍御史永元十五年從駕南巡還爲洛陽令以平正居身得寬猛之宜其冤嫌久訟歷政所不斷法理所難平者莫不

曲盡情詐壓塞羣疑又能以譎數發擿姦伏（譎詐數術也）京師稱歎以爲渙有神算（智算若神也）元興元年病卒百姓市道莫不咨嗟男女老壯皆相與賦斂致奠醊以千數（醊音張芮反說文曰祭酹也）渙喪西歸道經弘農民庶皆設槃案於路吏問其故咸言平常持米到洛爲卒司所鈔（鈔掠也）恒亡其半自王君在事不見侵枉故來報恩其政化懷物如此民思其德爲立祠安陽亭西每食輒絃歌而薦之（古樂府歌曰孝和帝在時洛陽令王君本自益州廣漢蜀人少行宦學通五經論明知法令歷代衣冠從溫補洛陽令化行致賢外行猛政內懷慈仁移惡子姓名五篇著里端無妄發賦念在理冤清身苦體宿夜勞勤化有能名遠近所聞天年不遂早就奄昏爲君作祠安陽亭西欲令後代莫不稱傳也）永初二年鄧太后詔曰夫忠良之吏國家所以爲理也求之甚勤得之至寡故孔子曰才難不其然乎昔大司農朱邑（前書曰邑字仲卿廬江舒人爲北海太守以理行第一入爲大司農性公正不可交以私天子器之朝廷敬焉神爵元年卒宣帝下詔賜其子黃金百斤奉其祭祀）右扶風尹翁歸（前書云翁歸字子況河東平陽人拜東海太守以高第入守右扶風元康四年卒宣帝制詔御史右扶風翁歸廉平鄉正早夭不遂朕甚憐之其賜翁歸子黃金百斤以奉其祭祀）政迹茂異令名顯聞孝宣皇帝嘉歎愍惜而以黃金百斤策賜其

子故洛陽令王渙秉清修之節蹈羔羊之義韓詩羔羊曰羔羊之皮素絲五紽薛君章句曰小者曰羔大者曰羊素喻潔白絲喻屈柔紽數名也詩人賢仕爲大夫者言其德能稱有潔白之性屈柔之行進退有度數也盡心奉公務在惠民功業未遂不幸早世百姓追思爲之立祠自非忠愛之至孰能若斯者乎今以渙子石爲郎中以勸勞勤延熹中桓帝事黃老道悉毀諸房祀唯特詔密縣存故太傅卓茂廟洛陽留王渙祠焉鐔顯後亦知名安帝時爲豫州刺史時天下飢荒競爲盜賊州界收捕且萬餘人顯愍其困窮自陷刑辟輒擅赦之因自劾奏有詔勿理後位至長樂衞尉自渙卒後連詔三公特選洛陽令皆不稱職永和中以劇令勃海任峻補之劇縣名屬北海郡峻擢用文武吏皆盡其能糾剔姦盜不得旋踵左傳天王策命晉文侯曰糾逖王慝杜預注云逖遠也剔與逖通一歲斷獄不過數十威風猛於渙而文理不及之峻字叔高終於太山太守

許荆字少張謝承書曰荆字子張家貧爲吏無有船車休暇常單步荷擔上下會稽陽羡人也陽羨故城在今常州義興縣南祖

父武太守第五倫舉爲孝廉武㠯二弟晏普未顯欲令成名乃請之曰禮有分異之義家有別居之道儀禮曰父子一體也夫婦一體也昆弟一體也故父子手足也夫婦判合也昆弟四體也昆弟之義無分焉而有分者則避子之私也子不私其父則不成爲子故有東宮有西宮有南宮有北宮異居而同財有餘則歸之宗不足則資之宗也於是共割財產㠯爲三分武自取肥田廣宅奴婢彊者二弟所得並悉劣少鄉人皆稱弟克讓而鄙武貪婪晏等㠯此並得選舉武乃會宗親泣曰吾爲兄不肖盜聲竊位二弟年長未豫榮祿所㠯求得分財自取大譏今理產所增三倍於前悉㠯推二弟一無所留於是郡中翕然遠近稱之位至長樂少府荆少爲郡吏兄子世嘗報讎殺人怨者操兵攻之荆聞乃出門逆怨者跪而言曰世前無狀相犯咎皆在荆不能訓導兄既早沒一子爲嗣如今死者傷其滅絕願殺身代之怨家扶荆起曰許掾郡中稱賢吾何敢相侵因遂委去荆名譽益著太守黃兢舉孝廉和帝時稍遷桂陽太守郡濱南州風

俗脆薄（脆薄猶輕薄也）不識學義荆爲設喪紀婚姻制度使知禮禁嘗行春到耒陽縣人有蔣均者兄弟爭財互相言訟荆對之歎曰吾荷國重任而教化不行咎在太守乃顧使吏上書陳狀乞詣廷尉均兄弟感悔各求受罪（謝承書曰郴人謝弘等不養父母兄弟分析因此皆還供養者千有餘人也）在事十二年父老稱歌曰病自上徵拜諫議大夫卒於官桂陽人爲立廟樹碑荆孫馘靈帝時爲太尉

孟嘗字伯周會稽上虞人也其先三世爲郡吏並伏節死難嘗少修操行仕郡爲戶曹史上虞有寡婦至孝養姑姑年老壽終夫女弟先懷嫌忌乃誣婦厭苦供養加鴆其母列訟縣庭郡不加尋察遂結竟其罪嘗先知枉狀備言之於太守太守不爲理嘗哀泣外門因謝病去婦竟冤死自是郡中連旱二年禱請無所獲後太守殷丹到官訪問其故嘗詣府具陳寡婦冤誣之事因曰昔東海孝

婦感天致旱于公一言甘澤時降解見霍諝傳也宜戮訟者㠯謝冤魂庶幽枉獲申時雨可期丹從之即刑訟女而祭婦墓天應澍雨穀稼㠯登嘗後策孝廉舉茂才拜徐令州郡表其能遷合浦太守郡不產穀實而海出珠寶與交阯比境常通商販貿糴糧食貿易也先時宰守並多貪穢詭人采求不知紀極詭責也珠遂漸徙於交阯郡界於是行旅不至人物無資貧者死餓於道嘗到官革易前敝求民病利人所病苦及利益之事也曾未踰歲去珠復還百姓皆反其業商貨流通稱為神明㠯病自上被徵當還吏民攀車請之嘗既不得進乃載鄉民船夜遁去隱處窮澤身自耕傭鄰縣士民慕其德就居止者百餘家桓帝時尚書同郡楊喬上書薦嘗曰謝承書曰喬字聖達烏傷人也前後數上書陳政事也臣前後七表言故合浦太守孟嘗而身輕言微終不蒙察區區破心徒然而已嘗安仁弘義耽樂道德清行出俗能幹絕羣前更守宰移風改政

去珠復還，飢民蒙活。且南海多珠，財產易積，掌握之內，價盈兼金，而嘗單身謝病，躬耕壟次，匿景藏采，不揚華藻。實羽翮之美，用非徒腹背之毛也。說苑曰：趙簡子游於西河而樂之，歎曰：「安得賢士而與處焉？」舟人古桑曰：「此是吾君不好之也。」簡子曰：「吾門左右客千人，朝食不足，暮收市征；暮食不足，朝收市征。吾可謂不好士乎？」古桑曰：「鴻鵠高飛遠翔，其所恃者六翮也。背上之毛，腹下之毳，無尺寸之數，加之滿把，飛不能爲之益高。不知門下左右客千人者，六翮之用乎？將盡毛毳也？」新序云晉平公，餘並同也。而沈淪草萊，好爵莫及。易曰：「我有好爵，吾與爾縻之。」廊廟之寶，棄於溝渠。尚書顧命曰：「赤刀、大訓、弘璧、琬琰在西序，大玉、夷玉、天球、河圖在東序。」周禮大宗伯曰：「天府掌祖廟之守藏，凡國之玉鎮大寶器藏焉。」且年歲有訖，桑榆行盡，謂日將夕在桑榆間，言晚暮也。而忠貞之節，永謝聖時。臣誠傷心，私用流涕。夫物以遠至爲珍，若珠翠之屬也。士以稀見爲貴。槃木朽株，爲萬乘用者，左右爲之容耳。前書鄒陽曰：「蟠木根柢，輪囷離奇，而爲萬乘器者，左右爲之先容耳。」王者取士，宜拔衆之所貴。臣以斗筲之姿，趨走日月之側，日月喻人君也。易曰：「懸象著明，莫大乎日月；崇高莫大乎富貴。」思立微節，不敢苟私鄉曲。竊感禽息，亡身進賢。禽息，秦大夫，薦百里奚而不見納，繆公出，當車以頭擊閫，腦乃播出，曰：「臣生無補於國，不如死也。」繆公感悟而用百里奚，秦以大化。見韓詩外傳。嘗竟不用，年七十，卒于家。

第五訪字仲謀，京兆長陵人，司空倫之族孫也。少孤貧，常傭耕以養兄嫂，有閑暇則以學文。（文謂道藝者也。）仕郡爲功曹，察孝廉，補新都令。（新都縣屬蜀郡，故城在今益州新都縣東。）政平化行，三年之間，鄰縣歸之，戶口十倍。遷張掖太守。歲饑，粟石數千，訪乃開倉賑給以救其敝。吏懼譴，（譴，責也。）爭欲上言。訪曰：「若上須報，是棄民也。（上音時掌反。須，待也。）太守樂以一身救百姓。」遂出穀賦人。順帝璽書嘉之。由是一郡得全。歲餘，官民並豐，界無姦盜。遷南陽太守，去官。拜護羌校尉，邊境服其威信。卒於官。

劉矩字叔方，沛國蕭人也。叔父光，順帝時爲司徒。矩少有高節，以叔父遼未得仕進，遂絕州郡之命。太尉朱寵、太傅桓焉嘉其志義，故叔遼以此爲諸公所辟，拜議郎。矩乃舉孝廉，稍遷雍丘令，以禮讓化之，其無孝義者，皆感悟自革。民有爭訟，矩常引之於前，提耳訓告，（毛詩曰：「匪面命之，言提其耳。」）以爲忿恚可忍，縣官不可入，使歸更尋思。訟者感之輒各罷去其有路得遺者皆推尋其主在縣四年以母憂去官後太尉胡廣舉矩賢良方正四遷爲尚書令矩性亮直不能諂附貴埶以是失大將軍梁冀意出爲常山相以疾去官時冀妻兄孫祉爲沛相矩懼爲所害不敢還鄉里乃投彭城友人家歲餘冀意少悟乃止補從事中郎復爲尚書令遷宗正太常延熹四年代黃瓊爲太尉瓊復爲司空矩與瓊及司徒种暠同心輔政號爲賢相時連有災異司隸校尉以劾三公尚書朱穆上疏稱矩等良輔及言殷湯高宗不罪臣下之義（尚書湯誥曰余一人有罪無以爾萬方萬方有罪在余一人尚書高宗誡傅說曰一夫不獲則曰時予之辜）帝不省竟以蠻夷反叛免後復拜太中大夫靈帝初代周景爲太尉矩再爲上公所辟召皆名儒宿德不與州郡交通順辭默諫（順辭不忤旨默諫不顯揚也）多見省用復以日食免因乞骸骨卒於家

劉寵字祖榮東萊牟平人齊悼惠王之後也（悼惠王肥高祖子也）悼惠王子孝

王將閭將閭少子封牟平侯子孫家焉父丕博學號爲通儒寵少受業㠯明經舉孝廉除東平陵令（東平陵縣名屬濟南郡也）㠯仁惠爲吏民所愛母疾棄官去百姓將送塞道車不得進乃輕服遁歸後四遷爲豫章太守又三遷拜會稽太守山民愿朴乃有白首不入市井者（愿謹也風俗通曰俗說市井者言至市當有所鬻賣當於井上先濯乃到市也謹案春秋井田記人年三十受田百畝以食五口五口爲一戶父母妻子也公田十畝廬舍五畝成田一頃十五畝八家而九頃二十畝共爲一井廬舍在內貴人也公田次之重公也私田在外賤私也井田之義一曰無洩地氣二曰無費一家三曰同風俗四曰合巧拙五曰通財貨因井爲市交易而退故稱市井也）頗爲官吏所擾寵簡除煩苛禁察非法郡中大化徵爲將作大匠山陰縣有五六老叟尨眉皓髮（尨雜也老者眉雜白黑也）自若邪山谷間出（若邪在今越州會稽縣東南也）人齎百錢㠯送寵寵勞之曰父老何自苦對曰山谷鄙生未嘗識郡朝它守時吏發求民間至夜不絕或狗吠竟夕民不得安自明府下車㠯來狗不夜吠民不見吏年老遭值聖明今聞當見棄去故自扶奉送寵曰吾政何能及公言邪勤苦父老爲人選一大錢

受之轉爲宗正大鴻臚延熹四年代黃瓊爲司空以陰霧愆陽免頃之拜將作大匠復爲宗正建寧元年代王暢爲司空頻遷司徒太尉二年以日食策免歸鄉里寵前後歷宰二郡累登卿相而清約省素家無貨積常出京師欲息亭舍亭吏止之曰整頓灑埽以待劉公不可得也寵無言而去時人稱其長者以老病卒於家弟方官至山陽太守方有二子岱字公山繇字正禮兄弟齊名稱吳志曰平原陶丘洪薦繇欲令舉茂才刺史曰前年舉公山奈何復舉正禮洪曰若使明君用公山於前擢正禮於後所謂御二龍於長塗騁騏驥於千里不亦可乎董卓入洛陽岱從侍中出爲兗州刺史虛己愛物爲士人所附初平三年青州黃巾賊入兗州殺任城相鄭遂轉入東平岱擊之戰死興平中繇爲揚州牧振威將軍時袁術據淮南繇乃移居曲阿值中國喪亂士友多南奔繇攜接收養與同優劇甚得名稱袁術遣孫策攻破繇因奔豫章病卒

仇覽字季智，一名香，陳留考城人也。續漢志考城故菑，陳留風俗傳曰章帝惡其名，改爲考城也。少爲書生淳默，鄉里無知者。年四十，縣召補吏，選爲蒲亭長。勸人生業，爲制科令，至於果菜爲限，雞豕有數，農事既畢，乃令子弟羣居，還就黌學。其剽輕游恣者，皆役以田桑，嚴設科罰。躬助喪事，賑恤窮寡。期年稱大化。覽初到亭，人有陳元者，獨與母居，而母詣覽告元不孝。覽驚曰：「吾近日過舍，廬落整頓，廣雅曰：「落，居也。」案：今人謂院爲落也。耕耘以時。此非惡人，當是教化未及至耳。母守寡養孤，苦身投老，奈何肆忿於一朝，欲致子以不義乎？」母聞感悔，涕泣而去。覽乃親到元家，與其母子飲，因爲陳人倫孝行，譬以禍福之言。元卒成孝子。謝承書曰：「覽爲縣陽遂亭長，好行教化。人羊元凶惡不孝，其母詣覽言元。覽呼元，誚責元以子道，與一卷孝經，使誦讀之。元深改悔，到母牀下，謝罪曰：『元少孤，爲母所驕。諺曰：「孤犢觸乳，驕子罵母。」乞今自改。』母子更相向泣，於是元遂修孝道，後成佳士也。」鄉邑爲之諺曰：「父母何在在我庭，化我鳲梟哺所生。」鳲梟即鴟鴞也。時考城令河內王渙，政尚嚴猛，聞覽以德化人，署爲主簿。謂覽曰：「主簿聞陳元之過不罪而化之得無少鷹鸇之志邪左傳季孫行父曰見無禮於君者誅之如鷹鸇之逐鳥雀覽曰吕爲鷹鸇不若鸞鳳渙謝遣曰枳棘非鸞鳳所棲百里豈大賢之路時渙爲縣令故自稱百里也今日太學曳長裾飛名譽皆主簿後耳吕一月奉爲養勉卒景行卒終也覽入太學時諸生同郡符融有高名與覽比宇賓客盈室覽常自守不與融言融觀其容止心獨奇之乃謂曰與先生同郡壤鄰房牖今京師英雄四集志士交結之秋雖務經學守之何固覽乃正色曰天子修設太學豈但使人游談其中高揖而去不復與言後融吕告郭林宗林宗因與融齎刺就房謁之遂請留宿林宗嗟歎下牀爲拜覽學畢歸鄉里州郡並請皆吕疾辭雖在宴居宴安也論語曰子之宴居必吕禮自整妻子有過輒免冠自責妻子庭謝候覽冠乃敢升堂家人莫見喜怒聲色之異後徵方正遇疾而卒三子皆有文史才少子玄最知名

童恢字漢宗（謝承書童作僮，恢作种也）琅邪姑幕人也（姑幕故城在今密州莒縣東北也）父仲玉遭世凶荒傾家賑卹九族鄉里賴全者㠯百數仲玉早卒恢少仕州郡爲吏司徒楊賜聞其執法廉平乃辟之及賜被劾當免掾屬悉投刺去恢獨詣闕爭之及得理掾屬悉歸府恢杖策而逝由是論者歸美復辟公府除不其令吏人有犯違禁法輒隨方曉示若吏稱其職人行善事者皆賜㠯酒肴之禮㠯勸勵之耕織種收皆有條章一境清靜牢獄連年無四比縣流人歸化徙居二萬餘戶民嘗爲虎所害乃設檻捕之生獲二虎恢聞而出呪虎曰天生萬物唯人爲貴虎狼當食六畜（杜預注左傳云六畜馬牛羊豕犬雞也）而殘暴於人王法殺人者死傷人則論法汝若是殺人者當垂頭伏罪自知非者當號呼稱冤一虎低頭閉目狀如震懼卽時殺之其一視恢鳴吼踴躍自奮遂令放釋吏人爲之歌頌靑州舉尤異遷丹陽太守暴疾而卒弟翊字漢文名高於恢宰府先辟之翊陽喑不肯仕喑疾不能言也及恢被命乃就孝廉除須昌長化有異政吏人生爲立碑聞舉將喪棄官歸後舉茂才不就卒于家

贊曰政畏張急韓詩外傳曰水濁則魚喁令苛則人亂理國者譬若張琴然大弦急則小弦絕矣故急轡銜者非千里之御也理善亨鮮老子曰理大國者若亨小鮮也推忠已及眾瘼自蠲推忠恕以及於人則眾病自蠲除一夫得情千室鳴弦一夫謂守長也千室謂黎庶言上得化下之情則其下鳴弦而安樂也懷我風愛永載遺賢沈約宋書載曄與其姪及甥書論撰書之意曰吾觀史書恒覺其不可解既造後漢轉得統緒詳觀古今著述及評論殆少可得意者班氏最有高名既任情無例不可甲乙博贍可不及之整理未必愧也吾雜傳論皆有精意深旨至於循吏已下及六夷諸序論筆勢縱放實天下之奇作其中合者往往不減過秦篇嘗比方班氏所作非但不愧之而已又欲因事發論以正一代得失意復未果贊自是吾文之傑思殆無一字空設此書行故應有賞音者紀傳例爲舉其大略耳諸細意甚多自古體大而思精未有此也恐俗人不能盡之多貴古賤今所以稱情狂言耳

酷吏列傳第六十七　後漢書七十七

唐章懷太子賢注

漢承戰國餘烈多豪猾之民其并兼者則陵橫邦邑桀健者則雄張閭里橫音胡孟反張音知亮反且宰守曠遠戶口殷大前書曰成帝戶一千二百二十三萬三千六十口五千九百五十九萬四千九百七十八漢極盛矣故臨民之職專事威斷族滅姦軌先行後聞先行刑而後聞奏也肆情剛烈成其不撓之威撓屈也前書甯成爲濟南都尉而郅都爲守始前數都尉步入府因吏謁守如縣令其畏都如此及成往南陵都出其上都素聞其聲善遇之與結驩違眾用己表其難測之智前書嚴延年爲河南太守眾人所謂當死者一朝出之所謂當生者詭殺之吏人莫能測其用意深淺也至於重文橫入爲窮怒之所遷及者亦何可勝言重猶深也橫猶枉也窮極也言遷怒於無罪之人故乃積骸滿穽漂血十里穽阬也前書尹賞守長安令得一切以便宜從事賞至修理長安獄穿地方深各數丈名爲虎穴乃部戶曹掾史雜舉長安中輕薄少年惡子無市籍商販作務而鮮衣凶服者得數百人盡以次內穴中覆以大石皆相枕藉死又王溫舒爲河內太守捕郡中豪猾論報流血十餘里也溫舒有虎冠之吏王溫舒爲中尉窮案姦猾盡糜爛獄中其爪牙吏虎而冠者也音義云言其殘虐之甚也延年受屠伯之名豈虛也哉前書嚴延年爲河南太守所誅殺血流數里河南號曰屠伯言若屠人之殺六畜也若其揣挫彊埶摧勒公

卿碎裂頭腦而不顧亦爲壯也前書濟南瞯氏宗人三百餘家豪猾二千石莫能制郅都爲濟南守至則誅瞯氏首惡郡中路不拾遺都後竟坐斬又趙廣漢爲京兆尹侵犯貴戚大臣將吏卒入丞相魏相府召其夫人跪庭下受辭責以殺婢事司直蕭望之劾奏廣漢摧辱大臣傷化不道坐腰斬破碎頭腦言不避誅戮也

自中興以後科網稍密吏人之嚴害者方於前世省矣而閹人親婭侵虐天下爾雅曰兩壻相謂曰婭至使陽球磔王甫之屍張儉剖曹節之墓若此之類雖厭快衆憤亦云酷矣儉知名故附黨人篇劉淑李膺等傳也

董宣字少平陳留圉人也初爲司徒侯霸所辟舉高第累遷北海相到官以大姓公孫丹爲五官掾丹新造居宅而卜工以爲當有死者丹乃令其子殺道行人置屍舍內以塞其咎宣知即收丹父子殺之丹宗族親黨三十餘人操兵詣府稱冤叫號宣以丹前附王莽慮交通海賊乃悉收繫劇獄劇縣之獄使門下書佐水丘岑盡殺之姓水丘名岑也青州以其多濫奏宣考岑宣坐徵詣廷尉在獄晨夜諷誦無憂色及當出刑官屬具饌送之宣乃厲色曰董宣生平未曾食人

之食況死乎升車而去時同刑九人次應及宣光武馳使騶騎特
原宣刑且令還獄遣使者詰宣多殺無辜宣具以狀對言水丘岑
受臣旨意罪不由之願殺臣活岑使者以聞有詔左轉宣懷令令
青州勿案岑罪岑官至司隸校尉後江夏有劇賊夏喜等寇亂郡
境以宣爲江夏太守到界移書曰朝廷以太守能禽姦賊故辱斯
任今勒兵界首檄到幸思自安之宜喜等聞懼即時降散外戚陰
氏爲郡都尉宣輕慢之坐免後特徵爲洛陽令時湖陽公主蒼頭
白日殺人因匿主家吏不能得及主出行而以奴驂乘宣於夏門
亭候之乃駐車叩馬以刀畫地大言數主之失叱奴下車因格殺
之主即還宮訴帝帝大怒召宣欲箠殺之宣叩頭曰願乞一言而
死帝曰欲何言宣曰陛下聖德中興而縱奴殺良人將何以理天
下乎臣不須箠請得自殺即以頭擊楹流血被面帝令小黃門持

之使宣叩頭謝主宣不從彊使頓之宣兩手據地終不肯俯主曰文叔爲白衣時臧亡匿死吏不敢至門今爲天子威不能行一令乎帝笑曰天子不與白衣同因勑彊項令出（謝承書曰勑令詣太官賜食宣受詔出飯盡覆杯食机上大官以狀聞上問宣宣對曰臣食不敢遺餘如奉職不敢遺力）賜錢三十萬宣悉以班諸吏由是搏擊豪彊莫不震慄京師號爲臥虎歌之曰枹鼓不鳴董少平（枹擊鼓杖也音浮其字從木也）在縣五年年七十四卒於官詔遣使者臨視唯見布被覆屍妻子對哭有大麥數斛敝車一乘（謝承書曰有白馬一匹蘭輿一乘也）帝傷之曰董宣廉潔死乃知之以宣嘗爲二千石賜艾綬葬以大夫禮拜子並爲郎中後官至齊相（諸本此下有說蔡茂事二十五字亦有無者案茂自有傳也）

樊曄字仲華南陽新野人也與光武少游舊建武初徵爲侍御史遷河東都尉引見雲臺初光武微時嘗以事拘於新野曄爲市吏餽餌一笥（蒼頡篇曰餽饟也說文曰餌餠也笥竹器也）帝德之不忘仍賜曄御食及乘輿服物

因戲之曰一笥餌得都尉何如曄頓首辭謝及至郡誅討大姓馬適匡等馬適姓也前書有馬適建俗本匡上有王字者誤也盜賊淸吏人畏之數年遷揚州牧教民耕田種樹理家之理視事十餘年坐法左轉軹長軹縣屬河南郡故城在今洛州濟源縣東南也隗囂滅後隴右不安乃拜曄爲天水太守政嚴猛好申韓法申不害韓非之法也善惡立斷人有犯其禁者率不生出獄吏人及羌胡畏之道不拾遺行旅至夜聚衣裝道傍曰㠯付樊公涼州爲之歌曰游子常苦貧力子天所富勤力之子甯見乳虎穴乳產也猛獸產乳護其子則搏噬過常故㠯喻也諸本穴字或作六誤也不入冀府寺冀天水縣也大笑期必死忿怒或見置嗟我樊府君安可再遭値視事十四年卒官永平中顯宗追思曄在天水時政能㠯爲後人莫之及詔賜家錢百萬子融有俊才好黃老不肯爲吏

李章字第公河內懷人也五世二千石章習嚴氏春秋宣帝時博士嚴彭祖也經明教授歷州郡吏光武爲大司馬平定河北召章置東曹屬數從

征伐。光武即位，拜陽平令。陽平縣屬東郡，故城今魏州莘縣也。時趙、魏豪右往往屯聚，清河大姓趙綱遂於縣界起塢壁，繕甲兵，爲在所害。章到，乃設饗會而延謁綱。綱帶文劒，被羽衣，緝鳥羽以爲衣也。前書欒大爲五利將軍，服羽衣也。從士百餘人來到。章與對讌飲，有頃，手劒斬綱，伏兵亦悉殺其從者，因馳詣塢壁，掩擊破之，吏人遂安。遷千乘太守，坐誅斬盜賊過濫，徵下獄免。歲中，拜侍御史，出爲琅邪太守。時北海安丘大姓夏長思等反，遂囚太守處興，風俗通曰：史記趙有辨士處子，故有處姓也。而據營陵城。營陵縣屬北海郡。章聞，即發兵千人馳往擊之。掾吏止章曰：「二千石行不得出界，兵不得擅發。」前書杜欽奏記王鳳曰：「二千石守千里之地，任兵馬之重，不宜去郡也。」章按劒怒曰：「逆虜無狀，囚劫郡守，此何可忍！若坐討賊而死，吾不恨也。」遂引兵安丘城下，募勇敢燒城門，與長思戰，斬之，獲三百餘級，得牛馬五百餘頭而還。興歸郡，以狀上，帝悉以所得班勞吏士。後坐度人田不實，徵，以章有功，但司寇論。月餘免刑

歸復徵會病卒

周紆字文通下邳徐人也爲人刻削少恩好韓非之術少爲廷尉史永平中補南行唐長到官曉吏人曰朝廷不㠯長不肖使牧黎民而性讐猾吏志除豪賊且勿相試遂殺縣中尤無狀者數十人吏人大震遷博平令博平縣故城在今博州博平縣東收考姦臧無出獄者㠯威名遷齊相亦頗嚴酷專任刑法而善爲辭案條教辭案猶今案牘也爲州內所則後坐殺無辜復左轉博平令建初中爲勃海太守每赦令到郡輒隱閉不出先遣使屬縣盡決刑罪乃出詔書坐徵詣廷尉免歸紆廉潔無資常築墼㠯自給肅宗聞而憐之復㠯爲郎再遷召陵侯相廷掾憚紆嚴明欲損其威續漢志每郡有五官掾縣爲廷掾也乃晨取死人斷手足立寺門紆聞便往至死人邊若與死人共語狀陰察視口眼有稻芒乃密問守門人曰悉誰載藳入城者悉猶知也門者對唯有廷掾耳又問

鈴下（漢官儀曰鈴下侍閤辟車此皆以名自定者也）外頗有疑令與死人語者不對曰廷掾疑君乃收廷掾考問具服不殺人取道邊死人後人莫敢欺者徵拜洛陽令下車先問大姓主名吏數閭里豪彊以對紡厲聲怒曰本問貴戚若馬竇等輩豈能知此賣菜傭乎於是部吏望風旨爭以激切爲事貴戚跼蹐京師肅清皇后弟黃門郎竇篤從宮中歸夜至止姦亭亭長霍延遮止篤篤蒼頭與爭延遂拔劒擬篤而肆詈恣口篤以表聞詔召司隸校尉河南尹詣尚書譴問遣劒戟士收紡送廷尉詔獄數日貰出（貰赦也音市夜反）帝知紡奉法疾姦不事貴戚然苛慘失中（慘虐也）數爲有司所奏八年遂免官後爲御史中丞和帝即位太傅鄧彪奏紡在任過酷不宜典司京輦（漢官儀曰御史中丞外督部刺史內領侍御史糾察百司故云典司京輦）免歸田里後竇氏貴盛篤兄弟秉權睚眦宿怨無不僵仆（僵偃也仆踣也）紡自謂無全乃柴門自守以待其禍然篤等以紡公正而怨隙有素

遂不敢害永元五年復徵爲御史中丞諸竇雖誅而夏陽侯瓌猶尚在朝紆疾之乃上疏曰臣聞臧文仲之事君也見有禮於君者事之如孝子之養父母見無禮於君者誅之如鷹鸇之逐鳥雀（左氏傳季孫行父稱臧文仲教行父事君之辭也）按夏陽侯瓌本出輕薄志在邪僻學無經術而妄搆講舍外招儒徒實會姦桀輕忽天威侮慢王室又造作巡狩封禪之書惑衆不道當伏誅戮而主者營私不爲國計夫涓流雖寡浸成江河爝火雖微卒能燎野（莊子曰日月出矣而爝火不息爝火小火也）履霜有漸可不懲革（易曰履霜堅冰至其所由來者漸矣）宜尋呂產專竊之亂（呂產呂太后之兄子封爲梁王太后崩與弟祿作亂也）永惟王莽篡逆之禍上安社稷之計下解萬夫之惑會瓌歸國紆遷司隸校尉六年夏旱車駕自幸洛陽錄囚徒二人被掠生蟲坐左轉騎都尉七年遷將作大匠九年卒於官

黃昌字聖真會稽餘姚人也（餘姚今越州縣也）本出孤微居近學官數見諸

生修庠序之禮因好之遂就經學又曉習文法仕郡爲決曹續漢志曰決曹主罪法事刺史行部見昌甚奇之辟從事後拜宛令政尚嚴猛好發姦伏人有盜其車蓋者昌初無所言後乃密遣親客至門下賊曹家掩取得之續漢志曰賊曹主盜賊事悉收其家一時殺戮大姓戰懼皆稱明神朝廷舉能遷蜀郡太守先太守李根年老多悖政悖亂也百姓侵冤及昌到吏人訟者七百餘人悉爲斷理莫不得所密捕盜帥一人脅使條諸縣彊暴之人姓名居處乃分遣掩討無有遺脫宿惡大姦皆奔走它境初昌爲州書佐其婦歸寧於家遇賊被獲遂流轉入蜀爲人妻其子犯事乃詣昌自訟昌疑母不類蜀人因問所由對曰妾本會稽餘姚戴次公女州書佐黃昌妻也妾嘗歸家爲賊所略遂至於此昌驚呼前謂曰何以識黃昌邪對曰昌左足心有黑子常自言當爲二千石相書曰足心有黑子者二千石昌乃出足示之因相持悲泣還爲夫婦

視事四年，徵，再遷陳相。縣人彭氏舊豪縱，造起大舍，高樓臨道。昌每出行縣，彭氏婦人輒升樓而觀，昌不喜，遂勑收付獄，按殺之。又遷爲河內太守，又再遷潁川太守。永和五年，徵拜將作大匠。漢安元年，進補大司農，左轉太中大夫，卒於官。

陽球字方正，漁陽泉州人也。泉州故城在今幽州雍奴縣南也。家世大姓冠蓋。球能擊劒，習弓馬。性嚴厲，好申韓之學。郡吏有辱其母者，球結少年數十人，殺吏，滅其家，由是知名。初舉孝廉，補尚書侍郎，閑達故事，其章奏處議處，斷也。常爲臺閣所崇信。出爲高唐令，以嚴苛過理，郡守收舉，收，繫。舉，劾之也。會赦見原。辟司徒劉寵府，舉高第。九江山賊起，連月不解。三府上球有理姦才，拜九江太守。球到，設方略，凶賊殄破，收郡中姦吏盡殺之。遷平原相。出教曰：「相前莅高唐，志埽姦鄙，遂爲貴郡所見枉舉。昔齊桓釋管仲射鉤之讎，高祖赦季布逃亡之罪。雖以不德敢忘前義況君臣分定而可懷宿昔哉今一蠲往愆期諸來効若受教之後而不改姦狀者不得復有所容矣郡中咸畏服焉時天下大旱司空張顥條奏長吏苛酷貪汙者皆罷免之球坐嚴苦徵詣廷尉當免官靈帝以球九江時有功拜議郎遷將作大匠坐事論頃之拜尚書令奏罷鴻都文學曰伏承有詔勑中尚方為鴻都文學樂松江覽等三十二人圖象立贊以勸學者臣聞傳曰君舉必書書而不法後嗣何觀（左傳曹劌諫魯莊公之辭也）案松覽等皆出於微蔑斗筲小人依憑世戚附託權豪俛眉承睫徼進明時或獻賦一篇或鳥篆盈簡（八體書有鳥篆象形以為字也）而位升郎中形圖丹青亦有筆不點牘辭不辯心假手請字妖偽百品莫不被蒙殊恩蟬蛻滓濁（說文曰蛻蟬蛇所解皮也蛻音式銳反楚詞曰濟江海兮蟬蛻或音它外反）是以有識掩口天下嗟歎臣聞圖象之設以昭勸戒欲令人君動鑒得失未聞豎子小人詐作文頌而可妄竊天官垂

象圖素者也今太學東觀足㠯宣明聖化願罷鴻都之選㠯消天下之謗書奏不省時中常侍王甫曹節等姦虐弄權扇動外內球嘗拊髀發憤曰若陽球作司隸此曹子安得容乎光和二年遷爲司隸校尉王甫休沐里舍球詣闕謝恩奏收甫及中常侍淳于登袁赦封昜（昜音吐盍反）中黃門劉毅小黃門龐訓朱禹齊盛等及子弟爲守令者姦猾縱恣罪合滅族太尉段熲諂附佞倖宜並誅戮於是悉收甫熲等送洛陽獄及甫子永樂少府萌沛相吉球自臨考甫等五毒備極萌謂球曰父子旣當伏誅少㠯楚毒假借老父球曰若罪惡無狀（若汝也）死不滅責乃欲求假借邪萌乃罵曰爾前事吾父子如奴奴敢反汝主乎今日困吾行自及也球使㠯土窒萌口箠朴交至父子悉死杖下熲亦自殺乃僵磔甫屍於夏城門大署牓曰賊臣王甫盡沒入財產妻子皆徙比景球旣誅甫復欲㠯次表

曹節等乃勑中都官從事曰且先去大猾當次案豪右權門聞之莫不屛氣諸奢飾之物皆各緘滕不敢陳設（說文曰緘束篋也孔安國注尚書曰滕緘也）京師畏震時順帝虞貴人葬百官會喪還曹節見磔甫屍道次慨然抆淚曰（抆拭也音亡粉反）我曹自可相食何宜使犬舐其汁乎語諸常侍今且俱入勿過里舍也節直入省白帝曰陽球故酷暴吏前三府奏當免官以九江微功復見擢用愆過之人好爲妄作不宜使在司隷以騁毒虐帝乃徙球爲衞尉時球出謁陵節勑尚書令召拜不得稽留尺一球被召急因求見帝叩頭曰臣無清高之行横蒙鷹犬之任前雖糾誅王甫段熲蓋簡落狐狸未足宣示天下願假臣一月必令豺狼鴟梟各服其辜叩頭流血殿上呵叱曰衞尉扞詔邪至於再三乃受拜其冬司徒劉郃與球議收案張讓曹節節等知之共誣白郃等語已見陳球傳遂收球送洛陽獄誅死妻子徙邊

王吉者陳留浚儀人中常侍甫之養子也甫在宦者傳吉少好誦讀書傳喜名聲而性殘忍以父秉權寵年二十餘爲沛相曉達政事能斷察疑獄發起姦伏多出衆議課使郡內各舉姦吏豪人諸常有微過酒肉爲臧者雖數十年猶加貶棄注其名籍專選剽悍吏擊斷非法若有生子不養卽斬其父母合土棘埋之凡殺人皆磔屍車上隨其罪目宣示屬縣目罪名也夏月腐爛則以繩連其骨周徧一郡乃止見者駭懼視事五年凡殺萬餘人其餘慘毒刺刻不可勝數郡中惴恐惴懼也音之瑞反莫敢自保及陽球奏甫乃就收執死於洛陽獄

論曰古者敦厖善惡易分左傳申叔時曰人生敦厖和同以聽杜預注云敦厖厚大也至於畫衣冠異服色而莫之犯白虎通曰畫象者其衣服象五刑也犯墨者蒙巾犯劓者以赭著其衣犯髕者以墨蒙其髕處而畫之犯宮者雜屝犯大辟者布衣無領墨黥面也叔世偷薄左傳曰叔向曰三辟之興皆叔代也叔代猶末代也偷苟且也本或作渝渝變也上下相蒙左傳介之推曰下義其罪上賞其姦上下相蒙難與

處矣蒙歎也德義不足吕相洽化導不能吕懲違遂乃嚴刑痛殺隨而繩之致刻深之吏吕暴理姦倚疾邪之公直濟忍苛之虐情漢世所謂酷能者葢有聞也皆吕敢悍精敏巧附文理風行霜烈威譽諠赫與夫斷斷守道之吏何工否之殊乎尚書曰如有一个臣斷斷猗孔安國注云斷斷猗然專一之臣也故嚴君蚩黃霸之術前書嚴延年爲河南太守嚴刑峻罰時黃霸爲潁川太守吕寬恕爲化郡中亦平屢蒙豐年鳳凰屢集上下詔稱揚其行加金爵之賞延年素輕霸爲人及比郡爲守褒賞反在己前心內不服河南界中又有蝗府丞狐義出行蝗還見延年延年曰此蝗豈鳳凰食邪密人笑卓茂之政茂傳曰初茂到縣有所廢置吏人笑之猛既窮矣而猶或未勝然朱邑不吕笞辱加物前書曰朱邑以愛利爲行未嘗笞辱人袁安未嘗鞫人臧罪安傳曰安爲河南尹政號嚴明然未曾以臧罪鞫人也而猾惡自禁人不欺犯何者吕爲威辟既用而苟免之行興辟法也音頻亦反仁信道孚故感被之情著左傳曰小信未孚杜預注云孚大信也此言仁信之道大信於人苟免者威隙則姦起感被者人亡而思存若子產卒仲尼聞之曰古之遺愛也由一邦吕言天下則刑訟繁措可得而求乎

贊曰大道既往刑禮爲薄老子曰大道廢有仁義又曰禮者忠信之薄而亂之始斯人散矣機詐萌作論語曾子曰上失其道民散久矣如得其情則哀矜而勿喜也去殺由仁濟寬非虐論語曰善人爲邦百年亦可以勝殘去殺此言用仁德化人人知禮節可以無殺戮也左傳曰寬以濟猛猛以濟寬言政寬則人慢故須以猛濟之非故爲暴虐也末暴雖勝崇本或略春秋繁露曰君者國之本也夫爲國本其化莫大於崇本崇本則君化若神不崇本則無以兼人此言酷暴爲政化之末雖得勝殘而崇本之道尙爲略也

酷吏列傳第六十七

後漢書七十七

傳古樓景印